地球人として誇れる日本をめざして

日米関係からの洞察と提言

松田　武 著

HANDAI Livre
022
大阪大学出版会

地球人として誇れる日本をめざして・目次

第二部

はじめに

ユートピアをもたない哲学は、星のない空のようなものである。

ウィリアム・A・ウィリアムズ、一九六一年(1)

私たちは、二〇一〇年に戦後日米関係を形作ってきた日米安全保障条約の改定五〇周年を迎える。冷戦が終ってから二〇年あまり経過した現在、米国の戦略につき従うことが自動的に日本の国益にかなうと言い張れた時代は過ぎ去ろうとしている。(2) 私たち国民は、遅きに失した感は否めないにせよ、これを契機に「日本は国際社会で何をしたいのか」、「国際社会にどう貢献したいのか」、「いかにすればこれまでの対米依存体質を克服できるか」といった問題に明確な答えを出す必要があるのではないだろうか。これまで政府と国民は、この国のあり方や進路について考えることを意識的に避けるか、あるいは依然として冷戦的思考を引きずり、そこから一歩も出ずに、いわば思考停止のような状態に陥ってきたように思われる。本書は、その殻を破ることを意図した提言を含む試論である。というのは、これから日本が広い視野と長期的戦略に基づいた独自の主張を組み立てて行動していかない限り、わが国が世界の国々から注目され、敬われ、一目を置かれるといった状況をもはや維持できなくなると思われるからである。

日米安保体制の負の遺産

一九五一年に講和条約を締結し、独立と主権を回復して以来、日本の歴代の政権は、米国の政策に寄り添うことが国益にかなうとの立場に立ち、ことあるごとに日米同盟関係の重要性を強調してきた。日本政府は、国の安全は軍事力に頼るしかないという現実主義の立場から、民主主義国の権利である「自衛の権利」を米国に委ね、国の安全と将来も米国に託してきた。

しかし、これまでの歴史が示すように、弱肉強食の国際社会では、その可能性は極めて小さいにせよ、同盟国でさえ世界の情勢次第で相手の同盟国の主権や安全を脅かすこともありうるし、実際にそのようなケースもいくつか存在した。それにもかかわらず、超大国との同盟が国家の安定と繁栄を保証してくれるといった半ば主観的な前提の下に、戦後、日本政府は、「どの様な代償を払っても米国にすがりつく」戦略を半永久的に選んだ。米ソ二極の対立構造の中で、日本政府は、米国に国の存立のカギを握ることを許し、米国の核抑止力や軍事的プレゼンスを自らの「権威」の源とした。米国占領軍と直接折衝し、その後六年間、駐米大使を務めた朝海浩一郎氏は、一九八二年八月一五日のテレビ番組のなかで、「率直な表現だが、日本はクエイザイ・インディペンデンス（準独立）、半独立みたいな状況じゃないか。七年の占領が残した［ている］しこりは、依然として取り去られて［取り去って］いないのが実情だと思う」[3]と言って嘆いた。日本は、外国の軍事的プレゼンスをいつまでも自国の「権威」の源とする限り、厳密な意味において独立国家とは言い難いし、このような半主権国家のような状態では、国民の自主性や主体性は育ちにくい。そればかりか、国民の精神は、米国への依存体質や甘え、それと表裏の関係にある被害者意識、それに「日本は予告なしに米国に見捨てられるのではないか」といった強迫観念にも似た不安と恐れなどにより蝕まれ、決して健全な状態であるとはいえない。

米国は本質的に「平和的で寛大な心をもった国」[4]といわれている。その米国が、終戦から冷戦期を通して日本に寛大な援助を施したことは広く知られている。米国の援助には、主として次の二つの目的がある。一つは、日本を自由主義陣営の一員に組み入れ、世界のパワー・バランスを自由主義陣営に有利に保つことであり、もう一つは、日本が国際社会で自立できるように日本国民の「自助の精神」を涵養することであった。日本は、米国からの寛大な援助、それに朝鮮戦争特需ならびにヴェトナム戦争特需も手伝って、敗戦からわずか二三年後の一九六八年には、国内総生産（ＧＤＰ）は世界第二位に達し、経済大国に成長した。しかしながら、米国からの援助は、皮肉にも国民に多くの負の遺産を残すことになった。

その負の遺産の一つに、国民の自主性の欠如が挙げられる。民主主義とは、「既成の秩序を見直し吟味するための手続きやその過程が保護される政治体制」であるとともに、既成の秩序の不断の見直しにより、社会が動的に変化し発展していくプロセスでもある。特に、民主主義社会での知識人の社会的責任は、既成秩序の根本的な見直しを常に心がけることであろう。ところが、戦後、知識人にとって必要不可欠な主体性と批判的精神は、米国のソフト・パワー[5]という権威によって大きな枠がはめられてしまうことになった[6]。

もう一つの負の遺産は、国民の対米依存体質である。この対米依存体質は、上述の自主性の欠如と表裏の関係にある。戦後日本のアメリカ研究発展期の指導者であった斎藤眞教授によれば[7]、「日米関係の基底にはどうも日本の米国に対する『甘え』の姿勢が流れており、そのことが『対米依存』や逆に『対米反撥』を招いているように思われる。一九七〇年代後半より日米関係史の文脈が現実には変わりつつあるのに、意識の構造はあまり変わらない［変わりない］ようである[8]」ということであった。さらに斎藤教授は、「日米関係を通じ、日本の態度の根底には、何かアメリカから与えられる、あるいはアメリカから何かを得るという態度があったといえよう。少なくとも戦後はそうであった。……今まで日本はアメリカに何かを与えるということを、一体考えたことがあるだろうか。……日本は常にもらうことしか考えていなかったのではなかろうか[9]」と語り、戦後日米関係の負の遺産を残念がった。

戦後の日米安保体制は、米国の圧倒的な力を背景に米国のエリート指導者と日本のエリート指導者の「共同」作業によって築かれた。それは、日本の政治・経済・社会・文化の幅広い領域に及び、日本社会全体を支配する巨大な秩序界（コスモス）を作り上げた。日本国民の圧倒的多数はその下に生まれ、好むと好まざるとにかかわらずその中で生きていかなければならない。この巨大な秩序界は、いやがうえにも国民の一人一人に一定の規範を押し付ける、いわば「ガラスのドーム」のようなものである。

たとえば、もしある知識人がその規範に適応しようとしない場合、あるいはその規範に反して行動する場合、その知識人は「正統な」思想領域からの逸脱者とみなされる。それだけではない。逸脱者とみなされた知識人の政治的影響力を最小限にとどめるために、その知識人は、知的共同体から追放されるか、あるいは知的集団の周辺的な地位に追いやられ、遅かれ早かれ淘汰を受けることになる。まさにこれが、「国民の一人一人に一定の規範を押し付ける、いわば『ガラスのドーム』のようなもの」の意味する中身である。

この巨大な秩序界は、淘汰の過程を通して日米安保体制、すなわち現状を維持するために必要な国民を育て作り上げてきた。特に米国は、日本のエリート知識人が親米派に成長することを期待し、彼らに助成金を付与し手塩にかけて日本のエリート知識人を育ててきた。エリート知識人は、占領期間中、毎日のように連合国軍最高司令官総司令部の高官や影響力のあるアメリカ人に近づき、接触できる立場にあった。[10] 彼らは、米国という「権威」からの後押しもあって、戦後日本の社会において強力なパワーと影響力を手に入れた。そして、「権威」によって自分たちの前に提示された米国のイニシアティブの多くを受け容れた。彼らの大半は、米国を権威の源としても受け入れた。以来、戦後日本のエリート知識人は、米国という「権威」の前に弱かった。

戦後、日本のエリート知識人は、米国政府や米国の民間組織から多額の資金や物資の援助を受け、時にはその返礼としてアメリカ文化関係の諸機関の行事に積極的に参加したり、米国政府の在外機関に協力したりした。また、米国政府の対外政策に必ずしも賛同できない場合でも、米国政府への批判を差し控え、口をつぐむこともあった。たとえば、一九七〇年代から一九八〇年代にかけて日米両国が貿易摩擦に端を発した経済問題をめぐって互いに角を突き合わせていた時、日米関係は緊張度を高め、危機的な状態に陥っていた。その折、アメリカ専門家は、社会から両国の緊張を和らげるための打開策について意見を求められたが、専門家は口をつぐんでしまうことが多かった。米国のソフト・パワーは、必ずしも意図的ではなかったにせよ、戦後、日本のエリート知識人から建設的な批判的精神と主体性を奪い、彼らを寛大な米国へ依存する弱々しい人間にしてしまったように思われる。

この脈絡において、アメリカ史研究者の富田虎男教授は、「他の外国史研究者と異なって、アメリカ史研究者が、外からのファンドを受け易い条件にあることを考慮に入れるとき……研究者の主体性の確立（が）……重要な問題と思われる」(11)と、米国のソフト・パワーに言及しながら、その「落とし穴」に対するアメリカ研究者の注意をすでに一九六六年に喚起していた。そして、この米国への依存体質は、知識人だけに限らず日本国民全体に見られる共通の体質となった。あるジャーナリストによれば、「日本は戦略なき国家として米国の言う通りに生きてきた。ある意味で、それが一つの国家戦略だったかもしれない(12)」というのであった。

戦後の日米関係において米国のソフト・パワーの果たした役割を考えると、日米二国間関係の安全保障、経済、文化の面を個別的に扱うのは十分でないことが分かる。というのは、日米関係は、安全保障、経済、文化の三要素が「糾《あざな》える縄のごとく」縒《よ》り合わさった三位一体であるからである。必要なことは、安全保障、経済、文化のこれら全てを総合した新しい分析枠組において日米関係を捉え、広い視野と長い歴史の脈絡において日米二国間の問題ならびに地球規模の問題を考察することであろう。

本書のねらいと位置づけ

本書は、拙書『戦後日本におけるアメリカのソフト・パワー　半永久的依存の起源』の姉妹編である。拙書を上梓した二〇〇八年一〇月から現在までの間に、私たちは、太平洋を挟み、日米両国において二つの歴史的な出来事を目の当たりにした。一つは、二〇〇九年一月、アメリカ史上初めての黒人大統領、すなわちバラク・オバマ大統領の就任であり、もう一つは、政権交代を掲げて選挙を戦い勝利した二〇〇九年九月の民主党鳩山政権の誕生である。前者は、軍事力偏重の外交を展開して米国の内外から批判を浴びるとともに、二〇〇八年秋のリーマン・ブラザーズ社の倒産に象徴される金融恐慌と国内の経済運営に失敗したジョージ・W・ブッシュ共和党政権の交代を求める米国民の意思表明であり、後者は、日米安保体制下における日本社会の全般的な制度疲労と、戦後長きにわたって政権をたらいまわし的に維持してきた自民党政権の無策ぶりに対する日本国民の「ノー」の審判であった。

今や世界は大きな曲がり角にある。その歴史的転換期の真っ只中にあって、日米の新政権の指導者のどちらもが、選挙において「チェンジ（変革）」を唱え、国民の信任を得たことは「偶然の一致」以上のものがあるように思われる。日米両国の新政権の発足は、地球環境汚染の問題や人間の生活を脅かす貧困や、疫病の蔓延など地球規模の挑戦的課題に真正面から取り組もうと意気込む指導者の登場を象徴する出来事でもあった。

日米安保条約改定五〇周年を迎えるにあたり、両国の指導者が取り組むべき重要な課題の一つは、いかにして日米同盟関係を近代化（"How To Modernize The U.S.-Japan Alliance"）し、日米同盟関係を国際情勢の諸変化と日米両国の実情に適合させるかという問題であろう。日米両国にとって納得の得られるような結果を引き出すには、その検討作業は、単に軍事面のみに収斂した日米同盟関係の調整に終わるようなものであってはならないだろう。それは、日米両国が「腹を割って」

辛抱強く協議を重ねた上での二国間関係の根本的な見直しでなければならない。というのは、その作業は、当然のことながら、「日本のあるべき姿」それに「今後の進路」といった長期的な日本の国家戦略や展望の問題が関わってこざるを得ないからである。

同時に、本書は、米国を専門的に研究する一人の民間人の、気が遠くなるような未来志向型の提言である。米国の歴史家チャールズ・A・ビアードは、一九三三年の米国歴史学協会年次大会において、「信念の行為として著された歴史書」[13]という演題で会長演説を行った。筆者は、一人の歴史研究者として、また社会に広く働きかける知識人（パブリック・インテレクチュアル）の一人として、アメリカ史の研究を始めてから現在に至るまで、このビアードのテーゼを座右の銘としてきた。そして、健全な日米関係を築くために、人間社会の出来事を「別の視点から考えて（Think Otherwise）」[14]新しい問題提起をすることにより、自分の信念を行動で示したいと願ってきた。本書は、筆者の「信念の行為として著された」一つの提言である。

本書は二部から構成されている。第一部は、第一章の「アメリカ史の現段階」、第二章の「米国の世界戦略」、それに第三章の「米国を知る」の三つの章からなり、そこでは主として筆者の「米国およびアメリカ外交」論が展開されている。第二部は、第四章の「日本は米国をどう受けとめてきたか」、第五章の「日本がこれからもつき合っていかねばならない現実」、それに第六章の提言「地球人として誇れる日本をめざして」の三つの章からなり、そこでは「国家としての日本のあり方」

や「進むべき方向」を論じつつ、一つの提言がなされている。断るまでもないが、第一部と第二部は補完関係にある。第二部の後に「むすびにかえて」と「あとがき」が続き、「参考文献」でもって本書は終わる。

第一部

第一章　アメリカ史の現段階——構造的分析

世界史における現段階は、歴史家が単に過去を物語るだけではなくて、過去の事実を受けとめて、未来に向かって主体的に一つの方向を実践的に示すことを要求している。つまり、歴史は……一つの思想として現われなければならない。

江口朴郎、一九五八年(1)

冷戦は、正真正銘の戦争であり、冷戦の勝利にわが自由世界の命運がかかっていることを、わが政府、国民、自由世界の人間は、正しく理解すべきである。

国家安全保障会議第六八号文書、一九五〇年(2)

世界のヘゲモニー国家として登場した米国

米国は、第二次世界大戦後、他のどの国の追随も許さないほどの絶大な力を背景に(3)、自由で開かれた世界秩序を築き、半世紀あまりヘゲモニー国家としてリードしてきた。ヘゲモニー国家とは、軍事、経済（生産、金融、通商の三部門）、それに文化・イデオロギーの全ての分野で、他国の追随を許さないほどの力を一手に収めている国を指している。ヘゲモニー国家は、その圧倒的な力を

図1　ケネディ大統領就任演説（1961年）

背景に自国が理想とする世界秩序を築く。そして、その世界秩序を維持するために、あるときは世界の銀行家として、またあるときは世界の宣教師として、さらにあるときは世界の警察官の役割を果たす。ヘゲモニー国家としての米国が、核抑止力により同盟国の安全を保障する見返りに、同盟国は米国に外交および経済政策において全面的に協力するという交換条件の下に、同盟国や友好国と非公式かつ暗黙の「契約関係」を結ぶのである。ヘゲモニーの軍事的な側面について、リンドン・B・ジョンソン政権の副大統領ヒューバート・H・ハンフリーは、「米国は、自由世界にとって核戦力の管理人である。……米国の核戦力は、他の国々にとって唯一つの安全装置である」と語った[4]。

ヘゲモニー国家は、世界の国々との間に多国間および二国間条約を結んでいった。米州機構（OAS）をもたらした一九四八年の米州相互援助条約、北大西洋条約機構（NATO）を成立させた一九四九年の北大西洋条約、それに一九五一年の日米安全保障条約が、多国間および二国間条約に当たる。米国が結んだ関係は、運用面においてはきわめて柔軟性に富んでいたが、本質的には間接的な「支配と従属」の関係であった。

一九六一年一月にジョン・F・ケネディは四三歳の若さで大統領に就任したが、その就任式の演説において彼は、「われわれは、世界における自由の確保とその勝利のためには、いかなる代償も払い、いかなる負担もいとわず、いかなる困難にも進んで直面し、いかなる友人も助け、いかなる敵とも戦う(5)」と声高らかに宣言した(図1)。この勇ましいケネディの宣言は、世界のリーダーとして世界の平和と秩序を守る固い決意と責任感、それに一九世紀に「パクス・ブリタニカ(英国の力を背景とした世界平和)」を築いた英国の後継者たらんとする米国の使命観を表していた。

同時にケネディの宣言は、フランクリン・D・ローズヴェルト大統領がラジオ演説の中で、ピラミッドのような形をした米国の経済構造の底辺に位置する「忘れられた人々」に対する連邦政府の責任について語ったように(6)、世界各地に住む貧しい人々への米国の道義的責任を表していた。たとえば、その具体例として対外援助がある。「マーシャル計画」の名で知られるヨーロッパ復興計画(7)や、第三世界の開発途上国を援助の対象とした「ポイント・フォー計画(8)」が、それに当たる。ちなみに、一九四六年から一九九〇年までの米国の対外軍事援助総額は一三五八億ドルで、経済援助額は二一三三億ドルであった(図2)。

対外援助は、貧困や疫病に苦しむ世界各地の人々に助けの手を差し伸べるだけでなく、米国民を

時期	経済援助	軍事援助	合計
1946–52	311（億ドル）	105	416
1953–61	241	193	434
1962–69	334	169	503
1970–79	269	388	657
1980–88	820	432	1252
1989–90	108	49	157
合計	2233	1358	3591

図２　米国の対外経済援助および軍事援助
（1946年から1990年まで）

（出典）*Statistical Abstract of the United States*（Washington: U.S. Government Printing Office, 1992），p. 794.

鼓舞し、多人種・多民族からなる米国民を一つにまとめあげるという国民統合の目的と意義をあわせ持っている。一六世紀のフランスの宗教改革者ジョン・カルヴィンは、「富の増加したところでは、それに応じて彼らの高ぶりや怒り、……現世の欲望や生活の見栄も増加する。……『できるかぎり利得するとともに、できるかぎり節約する』者は……『できるかぎり他に与え』ねばならぬ(9)」と説いている。米国には、カルヴィンの教義の流れをくむ敬虔なプロテスタントが数多く住んでおり、彼らは対外援助を、自分たちの宗教生活および社会生活の脈絡において「カルヴィンの教えのある種の実践」と捉えていた。米国民の多くは、対外援助や文化外交を通して自由、平等、民主主義など米国の政治的価値や、キリスト教に根差した道義や人道主義を世界各地に広めることを米国の重要な使命と今も考えている。彼らは、そうすることにより米国が人類史上ユニークな文明国として繁栄し続けることができると信じている(10)。

同時にケネディの宣言は、米国が戦後、国内での激しい論争を経て、建国以来の伝統的な孤立主義を克服し、国際主義がようやく国民に受け入れられ、アメリカ社会に定着したことを物語るものである。米国民が国際主義を受け入れるに至った背景には、次のような状況があった。それは、第二次世界大戦後の産業技術の発達、および運輸通信網の拡充、近年の情報技術部門の著しい進歩、それに世界の一体化（グローバリゼーション）の進展である。世界の一体化の進展により、圧倒的な資本力と生産力を背景にグローバルに展開する米国の国益が国際社会全体の利益と密接に関連するようになった。そのことは、米国政府が対外政策を立案したり実施したりする際に、米国の国益とへゲモニー国としての米国の責任とをはっきりと区別することがますます難しくなったことを意味していた。その結果、米国の指導者は、米国の短期的および個々の利益よりも国際社会全体のニーズを優先する考え、すなわち、国際主義を徐々に受け入れるようになった。

冷戦を戦うなかで軍事国家に様変わりした米国

戦後、米国は新しい世界秩序を築き、世界経済と国際政治に積極的に携わる一方、世界各地でソ連と冷戦を激しく戦っていく中で、徐々にしかも着実に「安全保障国家[11]」、すなわち軍事国家へと様変わりした。その過程は、大きく分けて（一）朝鮮戦争期、（二）ヴェトナム戦争期、（三）新冷戦期、（四）二〇〇一年の同時多発テロ事件に端を発する対テロ戦争期と四つの時期に区分することができよう。図3は、米国が第二次世界大戦後、軍事国家へと様変わりしたその過程を示している。米国の軍事国家化の過程を、軍備拡張を促した出来事を中心に記せば次のようになろう。

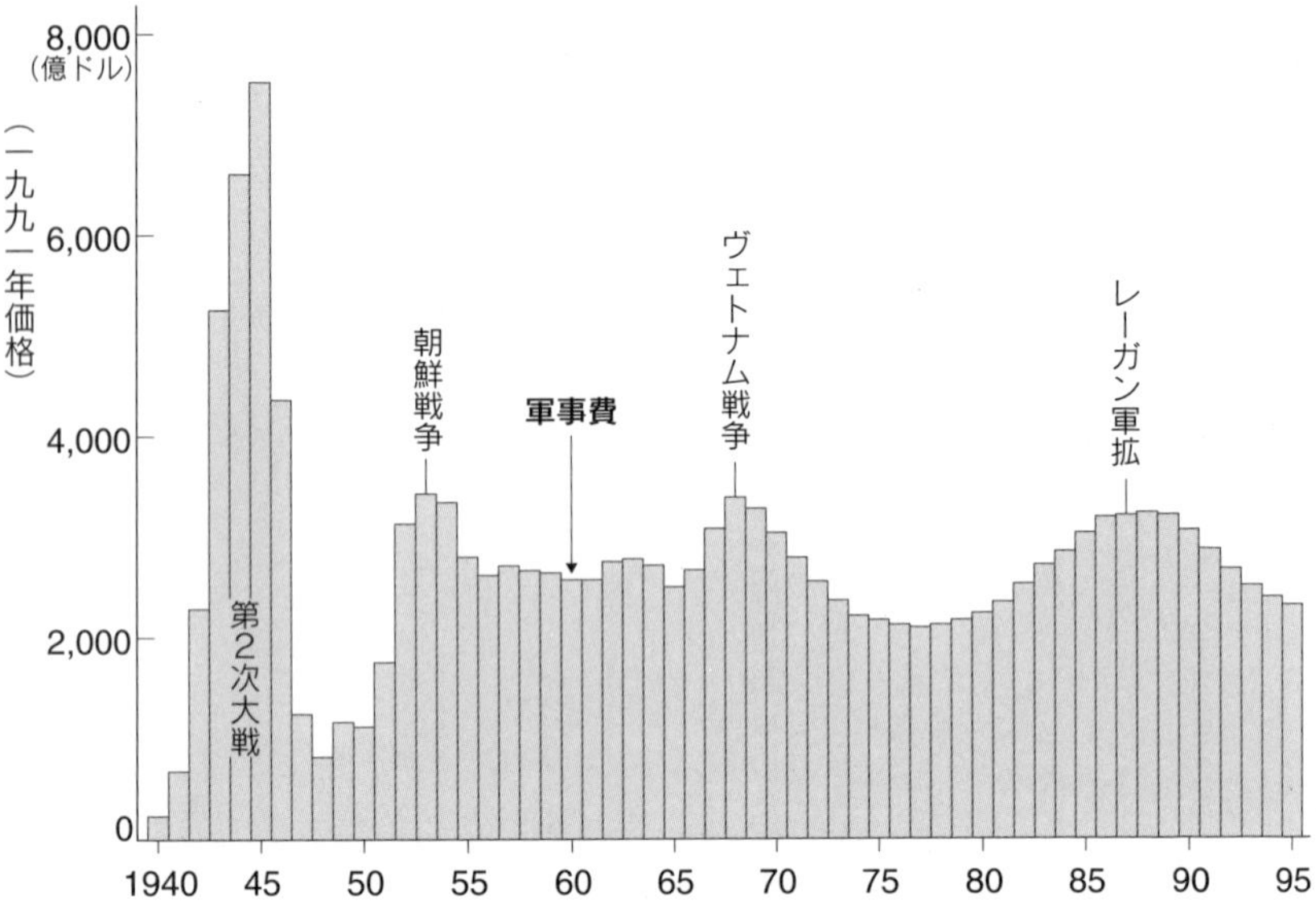

図3　米国軍事費の推移（1940〜1995年）

（出典）Office of Technology Assensment, *After the Cold War,* 1992, p.4 および各年統計

軍備拡張の前段階

（一）一九四六年二月、外交官ジョージ・F・ケナン（図4）は、八〇〇〇語から成る長文電報をモスクワの米国大使館からワシントンに打電し、ソ連を「長期にわたって忍耐強く断固として封じ込める」、いわゆる「封じ込め政策」を提唱した。「ソヴィエトの行動の源泉」という題名の論文は、翌年、「X氏論文」として『フォーリン・アフェアーズ』誌に掲載される。

（二）一九四七年三月、ハリー・トルーマン大統領は、トルコおよびギリシャの内戦に言及しながら、「武装少数派、あるいは外圧によって試みられた征服に抵

（五）海外駐留の地上兵力の増強による軍事費の増大を恐れていた共和党のデイビッド・アイゼンハウアー政権は、国家安全保障戦略の主軸として核戦力に目を向けた。というのは、核兵器は、通常兵器と比べて安価に大量生産できるので、安上がりで効率的な戦力整備ができると考えられたからである。同政権の安全保障政策は、「ニュールック戦略」と呼ばれ、陸軍の兵力削減により財政的均衡をはかる一方、戦術的核兵器の開発、さらに核兵器運搬能力を備えた戦略空軍力（大陸間弾道弾ＩＣＢＭなど）の増強をその目標とした。米国の安全保障政策は、「ニュールック戦略」の採用により、核兵器と戦略空軍への依存度を高めることになった。一九五四年一月、ジョン・フォスター・ダレス国務長官は、核の抑止論に基づいた、この「安上がりの安全保障」構想を「大量報復戦略」と名付けて発表した。

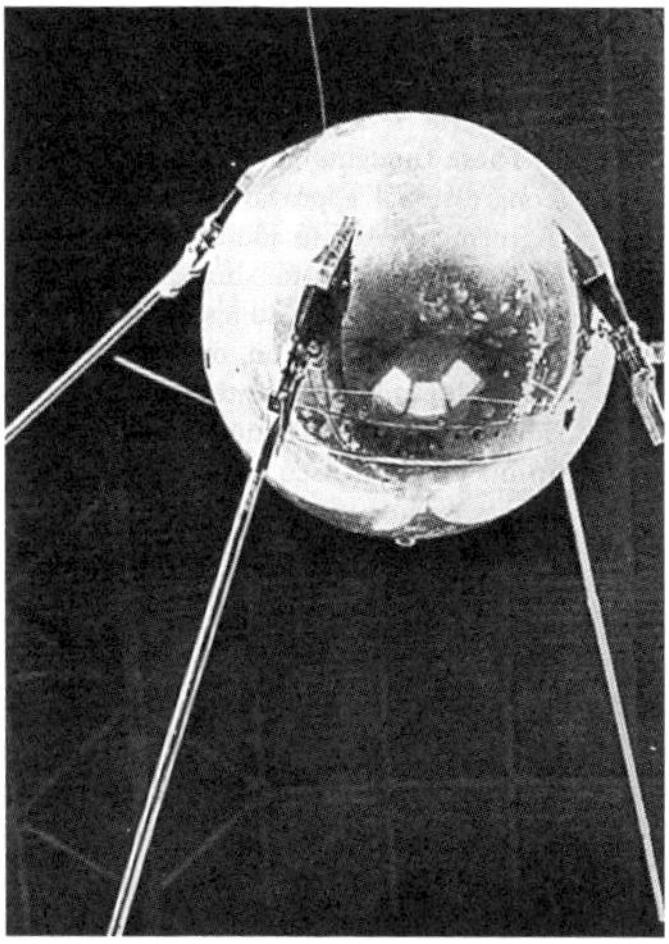
図５　人工衛星「スプートニク」

（六）一九五七年一〇月四日、ソ連は、人工衛星「スプートニク」一号の打ち上げに成功したことを全世界に向けて発表した（図５）。この突然の発表により、宇宙開発およびミサイル開発のリーダーと自認していた米国民は不意を突かれ、米国に衝撃が走った。一般にこの衝撃を「スプートニク・ショック」と呼んでいる。

原子爆弾や水素爆弾を大量に保有していた米国は、たとえソ連が一九四九年に原子爆弾の実験に成功しても、その運搬手段がもっぱら戦略爆撃機であったので、米国のほうが優位であるとそれまで信じていた。ところが、「スプートニク」一号の打ち上げの成功により、米国の優位説は実は神話ではないかという疑念が米国中に湧き上がり、米国民は不安のあまりパニック状態に陥る有様であった。「スプートニク・ショック」を受けて、米国民の間に科学教育や研究の重要性が再認識され、米国の軍事・科学・教育の諸制度が大きく再編成されることになった。そしてここにソ連の脅威と米国の劣勢を跳ね返すための宇宙開発競争の幕が切って落とされた。米国の政・財界および学界では、米ソ間の「ミサイル・ギャップ」をめぐり軍事論争が展開された。そして、一九五七年一一月七日に、ホラス・R・ゲイザー委員長の名前を冠した「ゲイザー報告書」[16]がフォード財団から、一九五八年には「ロックフェラー兄弟報告書」がロックフェラー財団から、それぞれアイゼンハウアー大統領に提出された。これら二つの報告書は、戦略態勢の見直しと国防費の増額を提案していた。

（七）一九六一年にスタートしたケネディ政権は、「ゲイザー報告書」と「ロックフェラー兄弟報告書」の政策提言に沿う形で、「柔軟反応戦略」を米国の国家安全保障政策の中核とした。「柔軟反応戦略」とは、ゲリラ戦から全面核戦争に至るまでの起こりうるあらゆる種類の戦争を想定し、いかなる戦争にも有効に対応できる各種の戦闘能力を備え、すべての種類の戦争を抑止することを目指す戦略をさしている。ケネディ新政権は、戦略兵器と通常兵器双方を増強する政策を推進した。「柔軟反応戦略」で増強された通常兵器が、一九六三年以降、ヴェトナム戦争に投入されることになる。

第二の軍備拡張局面―ヴェトナム戦争期

（八）南北両ヴェトナムが分立した一九五四年以降、米国は南ヴェトナム政府に軍事経済援助を行っていた。一九六〇年に南ヴェトナム解放民族戦線が結成され、南ヴェトナムにおいて内戦が始まった。そこでケネディ政権は、米国から軍事顧問団を南ヴェトナムに派遣したが、米軍の直接介入が本格化したのは、一九六四年のトンキン湾事件からである。これにより米国の軍事介入は、宣戦布告なしのヴェトナム戦争へと発展した。

南ヴェトナムの共産化を恐れた米国は、一九六五年二月から一九七三年一月までヴェトナム戦争を戦うことになる。米国の軍事費は一九六六年に前年比の一五・〇パーセント、一九六七年も一三・〇パーセントの伸びを示し、ピーク時の一九六八年には、三五八四億ドルに達した。米国は、北ヴェトナムへの爆撃と膨大な数の米軍を投入したにもかかわらず勝利を手にすることはできず、一九六八年にリンドン・B・ジョンソン大統領は、北爆の中止と停戦交渉の開始を宣言した。そして、一九六九年にはリチャード・M・ニクソン大統領が、「名誉ある撤退宣言」し、一九七五年に戦争がようやく終結した。米国は、ヴェトナム戦争の最高時には五六万人もの兵士を派遣し、死傷者は三五万人にのぼった。その数は、朝鮮戦争の規模を超えた[17]（図6）。

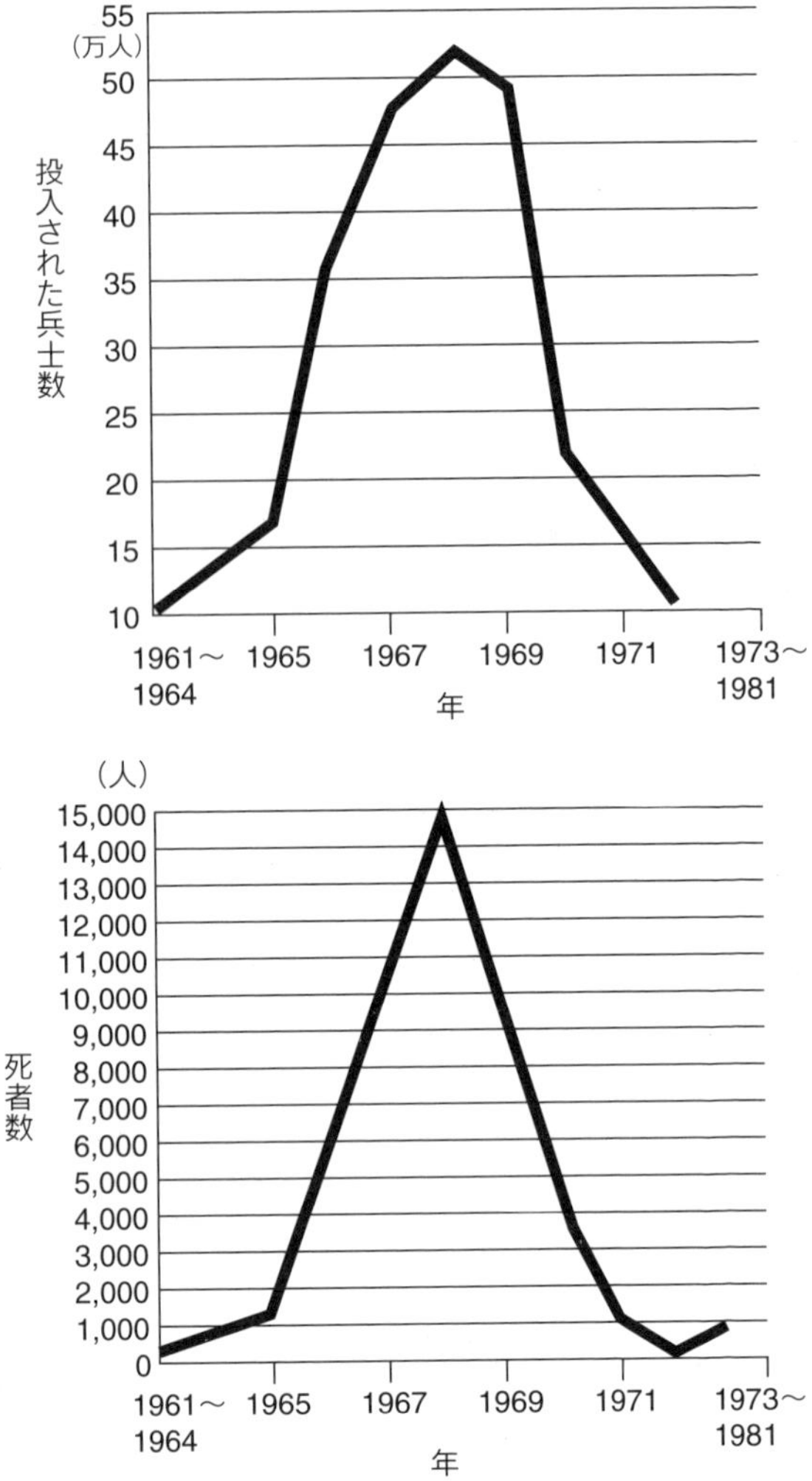

図6　ヴェトナム戦争に投入された米兵の数と戦死者の数
（1961〜1981年）

米国政府の推定によると、1969年から1973年までの南ヴェトナム軍の戦死者の数は10万7504人で、北ヴェトナム軍と南ヴェトナム解放民族戦線の戦死者の数は50万人以上であったという。
（出典）米国国防総省、*Out of Many*, p. 905.

第三の軍備拡張局面―新冷戦期

（九）第三の軍備拡張局面は、一九七九年のソ連によるアフガニスタン侵攻に端を発する。一九八〇年代の共和党ロナルド・W・レーガン政権は、「強いアメリカ」を誇示して軍備を拡大する一方、ソ連を「悪の帝国」と呼び、ソ連との対決姿勢を一段と強めた。特に、一九八二年と一九八四年には、米国の軍事費は八・三パーセントの高い伸びを示し、その傾向は一九八七年まで継続的に拡大していった。一九八七年には軍事費は、四七八一億ドルと米国史上最高の額に達した。そして軍事費は、冷戦が終わるまで連邦予算総額の二〇パーセントを、対国内総生産比でも五パーセントをそれぞれ下回ることはなかった[18]。レーガン大統領は、任期の八年間に二兆ドル以上の軍事費を支出し、それにより「双子の赤字」といわれる財政・貿易での赤字が拡大した。その結果、米国は一段と経済的に弱体化した（図7）。

（一〇）一九八九年一二月に冷戦の終結が宣言された。冷戦の終結は、軍事費の削減を可能にし、米国の予算および財政構造を大きく変える契機となった。その結果、ブッシュ（親）およびクリントン両政権では、軍事費は一貫して減少していった。たとえば、ブッシュ政権初年度の一九八九年には軍事費の対歳出比率は二七パーセントであったが、最終年度の一九九二年には二二パーセントにまで低下した。

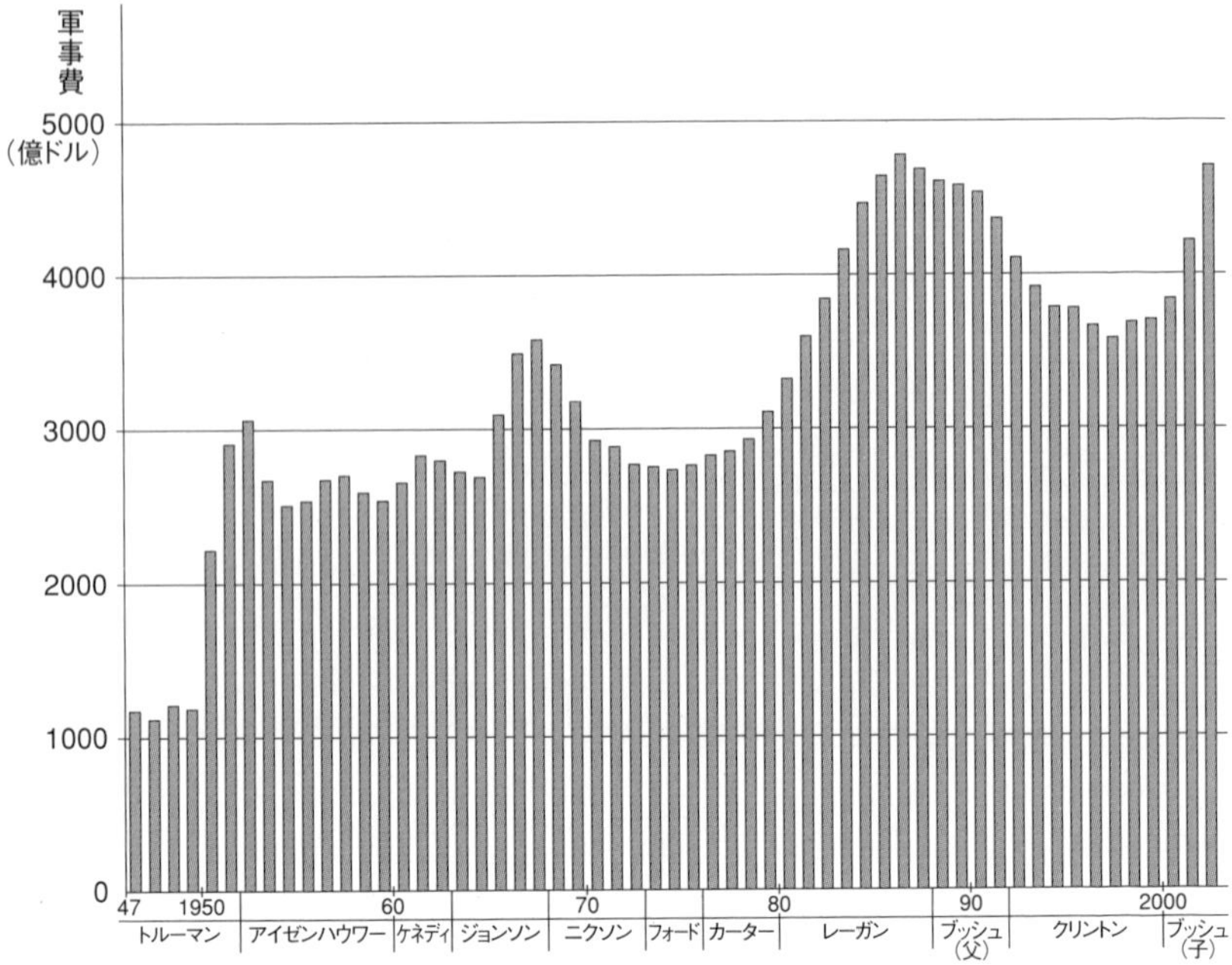

図７　増大する米国の軍事費

（出典）米国商務省　http://www.eurus.dti.ne.jp/~freedom3/usa-def-2004-sai-axx.htm

（一二）続くビル・クリントン政権においても軍事支出は大幅に削減され、一九九四年には軍事費の対歳出比率は、二〇パーセントを割った。そして、一九九八年から二〇〇〇年には軍事費の対歳出率は一六パーセント台になった。軍事費の縮小によって、高度の軍事技術が民間に移転されるとともに、軍関係の技術者も民間に移動した。その結果、情報通信分野における新規ビジネスは飛躍的に拡大することになり、それがクリントン政権期の好景気を生みだす主たる要因となった。ところが、クリントン政権期における好景気が、金融規制緩和政策をはじめ、金融中心の経済へとアメリカ経済を導き、それが二〇〇八年の金融危機につながることになる。

第四の軍備拡張局面—対テロ戦争期

(一二) ジョージ・W・ブッシュ(子)政権は、二〇〇一年の九・一一同時多発テロ事件を契機に、国際テロ組織「アル・カーイダ」の指導者ウサマ・ビン=ラーディンを匿っているとされるタリバーン政権の打倒をめざして、同年一〇月に「不朽の自由作戦」の掛け声の下に、英国などからなる有志連合諸国を誘い、アフガン戦争を戦った。

さらにブッシュ政権は、二〇〇三年三月に今度はサダム・フセイン政権の打倒をめざしてイラク戦争を始めた。その結果、米国の軍事費は、特にイラク戦争を始めた二〇〇三年に、一一・六パーセントの伸びを記録し、ヴェトナム戦争中の一九六七年以来の高い水準を示した。対テロ戦争は、現在もなお続行中である。その関係で、二〇〇七年には軍事費は、総歳出額の二〇・五パーセントを占める五七一八億六九〇〇万ドルに達した[19](図8)。この額は、全世界の軍事費の四〇パーセント以上を

年	歳入	歳出	軍事費	(%)
2003	17,825(億ドル)	21,601	4,048(億ドル)	(18.7%)
2004	18,803	22,930	4,558	(19.8)
2005	21,539	24,722	4,953	(20.0)
2006	24,072	26,554	5,218	(19.6)
2007	25,401	27,843	5,719	(20.5)

図8 米国の歳入、歳出額と歳出に占める軍事費の割合

(出典) *The World Almanac and Books of Facts, 2009*, pp. 96–97.

占め、米国に続く一五カ国のそれぞれの国の軍事費を合計した額に等しいといわれている。二〇〇八年現在、米国はイラクに一四万六〇〇〇人の米軍を駐留させている。米国国防総省の集計によると、同年の一〇月一六日現在、イラク戦争による米兵の死者の数は四一八五人に達したという[20]。

一方、アフガニスタンでは米軍および有志連合諸国軍の攻撃により、二〇〇一年一一月にタリバーン政権が崩壊し、それに代わってカルザイ暫定政権が誕生した。しかし、統治能力の欠如と政治腐敗などが災いして、カルザイ政権は国内の秩序を回復し、維持することは困難であることが分かった。その間にタリバーンは、政府の影響力が及びにくい地域において着実に勢力を回復し、国内の治安は悪化の一途をたどっていった。

アフガニスタン情勢の悪化を受けて、ブッシュ政権は、二〇〇八年四月に三五〇〇人の海兵隊の増派を決定した。さらに同年一一月には約二〇〇〇人の海兵隊を、二〇〇九年一月には約三七〇〇人の陸軍旅団をそれぞれ増派し、それによってアフガニスタンに駐留する米軍の兵士の数は三万七〇〇〇人規模となった。

二〇〇九年一月に誕生したバラク・オバマ新政権も、「タリバーン勢力の拡大を阻止し、治安を回復する緊急対策」として米軍の増派を続け、二〇〇九年一二月現在、米軍の兵士の数は六万八〇〇〇人となっている。アフガニスタン問題で苦境に陥っているオバマ大統領は選挙公約に基づき、一二月二日にさらに三万人強の米兵をアフガニスタンに追加増派（一・五倍の大増派）することを発表した。

このように米国は、第二次世界大戦後、巨額の軍事費を費やして一大兵営国家（garrison state）に様変わりするとともに、世界各地に軍事基地および軍事施設を大規模に展開している。冷戦が終った時点で、米国は海外に三七五の軍事施設を展開し、五〇万人を配備していた。二〇〇七年には、米国は一九万人を超えるアメリカ人兵士と一一万五〇〇〇人の民間人を雇用し、四六の国々と海外の領土にある九〇九の米国軍事施設を維持している。(21)

軍備拡張政策を支える四つの要素

米国の軍備拡張政策は、主として次の四つの要素に支えられている。一つは、米国の指導者が、英国に代わり全世界を支配し、管理したいという大きな野心と強い意志を抱いていたことである。米国の指導者の権力志向の野心は、米国の軍事的・政治的優位を確立するために第二次世界大戦後、核兵器を独占し、核戦力を米国の軍備態勢の主柱に置いたことによく表れている。(22)

米国の軍備拡張政策を支える二つ目の要素は、ディーン・アチソン国務長官やポール・ニッツなど、米国の指導者に共有される「軍事力」に関する彼らの政治思想である。米国の指導者は、「軍事力は、権力の最も重要な要素の一つ」であり、外交目標を達成するための重要な手段と捉えている。第二六代米国大統領セオドア・ローズヴェルトが、米国の外交姿勢を「ものやわらかにしゃべり、しかし大きな棍棒を持って歩け(23)（"Speak softly and carry a big stick"）」と説明したように、米国は、第二次世界大戦後、優位な力を背景にソ連や共産中国と外交交渉を展開してきた。例えば、米国政府は、ソ連社会の内部崩壊を加速するために、冷戦においてソ連経済が軍事費の負担にこれ以上耐えられなくなるまで軍備拡張競争を続け、「軍事的に優位な立場」からソ連政府と交渉したのであった。引用が少し長くなるが、米国指導者の思考の一端を紹介しよう。「米国は、ソ連に対する圧力を著しく増大させ、その圧力の下でソ連が政策を行わなければならないようにし……ソ連権力の解体、あるいは漸次的軟化のどちらかに追い詰める能力を持ち合わせている(24)」とジョージ・ケナンは豪語した。

米国の軍備拡張政策を支える三つ目の要素は、米国の歴史的および政治文化、すなわち力（パワー）、それに男性的な力強さ（manliness, toughness, machismo）の美徳を強調する米国の伝統である。米国民は、「男っぽさと力強さ」が様々な問題を解決する際の必要かつ絶対条件であることを、北米大陸を征服した歴史的体験から体得していた。米国民の力に対する信念は、厳しい荒野の自然条件、それに孤独や誘惑と戦うために逞しい肉体と強い精神力が求められたフロンティア（開拓最前線）での生活体験に裏打ちされている。

米国の軍備拡張政策を支える四つ目の要素に、軍事ケインズ主義がある。軍事ケインズ主義とは、国の財源の多くを軍事費に充て、経済を軍事化する政策およびそれを正当化する考え方のことをいう。

本来、軍事支出の増大は、非生産的で真の生産能力の向上に寄与するものでなく、逆に、アメリカ経済に悪影響を及ぼすものと考えられていた。つまり、軍事支出の増大は、国民の生活水準を相対的に低下させ、高い課税と政府の介入の拡大を招くと否定的に捉えられてきたのである。ところが、トルーマン大統領経済諮問委員長レオン・H・カイザリングなど、軍事ケインズ主義を支持する指導者は、「第二次世界大戦の最大の教訓の一つは、米国の経済が、……一般民間消費以外の目的（戦争目的）に巨大な資源を提供できたのみでなく、同時に、一般市民により高い生活水準を与えることに成功した[25]」点を指摘し、軍備拡張の需要創出効果と経済への好ましい影響を強調した。また、ケネディ大統領の経済顧問の一人であるポール・サミュエルソンも、ケネディ政権の膨大な軍事費増額を積極的に支持して、「軍事支出を増額することは、それ自体が望ましいことであるばかりでなく、この計画を促進することこそが、わが経済の健康を損なうどころか、その成長を助けることができるものである[26]」と断言した。

軍事ケインズ主義の目的には、経済的目的と政治的目的の二つがある。経済的目的は、多額の軍事費を景気回復の呼び水として使い、「軍事産業の民需転換」によって国内経済および国際経済の回復を図ることにある。具体的には、政府からの調査研究補助金の交付や政府調達を通して産業界に高利潤を保証するとともに、財政的支援の対象を航空機産業、電子工業（エレクトロニックス）、その他の有望な先端技術産業に絞って、米国の国際的比較優位を維持することにある。一方、軍事ケインズ主義の政治目的は、米国に協力的な国々に対し軍事援助および経済援助を継続的に行い、米国のヘゲモニーの維持に役立てることにある。(27)

米国政府は、一九五〇年四月の国家安全保障会議第六八文書において、軍事ケインズ主義を採用した。この軍事ケインズ主義の採用を米国政府に促し、それを正当化する働きをしたのが、一九四九年から一九五〇年にかけての世界情勢であった。

一つは、当時の世界経済が危機的な状況にあったことである。それは、「ドル危機」の言葉に象徴されるように、カネ、モノ、サービスなどが国境を越えて自由に流れず、世界経済が構造的に機能不全に陥っていた。米国はマーシャル計画を実施したが、その支援額がヨーロッパ経済を底から引き上げ、世界経済に組み込むのに十分でなかったために、ヨーロッパ諸国は依然として慢性的ドル不足の状態にあった。一方、東アジア地域においても、特に日本では、「ドッジ・プラン」の影響などにより、国民に耐乏生活を強要して国内の需要を抑えたために、日本経済は一九五〇年初期には崩壊の寸前にあった。つまり、ヨーロッパも日本も、米国からの機械類や食糧などの輸入に対して支払えるだけの生産を生みだす基盤がまだ整っていなかった。したがって、米国はヨーロッパ経済と日本経済を世界経済システムにしっかりと組み込み、世界資本主義経済を円滑に機能させるためには、一層大規模な援助が必要であった。

米国に軍事ケインズ主義の採用を促した二つ目の要素は、一九四九年九月のソ連の原爆実験成功により、米国の核兵器独占に終止符が打たれたことである。それにより米国は、核の独占を背景とした、いわゆる対ソ「原爆外交」をもはや展開できなくなった。

米国に軍事ケインズ主義の採用を促した三つ目の要素は、一九四九年一〇月に中国大陸において中国共産党政権が成立したことである。この出来事により、米国の指導者は、中国共産主義の政治的・イデオロギー的影響が民族解放闘争を展開するアジア周辺諸国に広がることを懸念するようになった。(28)

軍事ケインズ主義の影響

第二次世界大戦後の米国の特徴の一つに極度の軍事化がある。対ソ「封じ込め政策の父」ジョージ・F・ケナンは、米国の思想からアメリカ的生活様式全体にまで及ぶ極度の軍事化を、「米国の外交政策のみならず米国社会自体に深い影響を与え……国民経済の重大な歪み」を生みだした張本人と指弾した。(29) それでは過度の軍事化が米国に及ぼした影響とは具体的にどのようなものであったか。

その最大の影響は、冷戦の継続を自己利益と見る巨大な既成勢力、すなわち軍産複合体（the military-industrial complex）を創り出したことである（図9）。軍産複合体とは、平時に巨大な軍事

企業名	契約額
ロッキード・マーチン	273(億ドル)
ボーイング	221
ノースロップ・グルマン	158
ゼネラル・ダイナミックス	136
レイセオン	109
BAE・システムズ（英国）	93
ユナイテッド・テクノロジーズ	53
KBR	49
L-3コミュニケーションズ・ホールディング	45
サイエンス・アプリケーションズ・インターナショナル	34

図9　米英の軍事契約企業（2007年度）

（出典）*The World Almanac and Books of Facts,* 2009, p. 173.

組織を維持する一方、諸外国に膨大な量の兵器を輸出することで、巨額の利益を貪る巨大な既成勢力のことである。[30]軍産複合体の存在が、アメリカ民主主義に大きな脅威を及ぼす危険性を孕んでいた。

米国には、平時における常備軍の存在は、市民の自由を脅かし、本質的に民主主義になじまないという伝統的な共和主義の考えがある。たとえば、「私は国が常備軍をもつことに反対する。……私として個人的人間であることが第一で、……単に政府のすることに盲目的に協力する人間は、真の良心をもたないといえるだろう」[31]と語るヘンリー・D・ソローの思想はその代表である。

軍産複合体は、米国の伝統的な共和主義思想と相容れないばかりか、兵器を生産販売する者とワシントンでそれを購入する者との間に「緊密で最も不健康な癒着関係」を生むことになった。これが、兵器製造業者と国防総省の連合体である軍産複合体に連邦議会を加えた、いわゆる「鉄の三角地帯（Iron Triangle）」といわれるものである。[32]ケナンによれば、この軍産複合体の存在と活動が、

サウジアラビア	89(億ドル)
台湾	58
エジプト	45
イスラエル	33
韓国	32
日本	19
ギリシア	18
トルコ	16
英国	16
フィンランド	15

(1999～2002 年)

イスラエル	52(億ドル)
エジプト	51
サウジアラビア	44
台湾	41
ギリシア	32
オーストラリア	25
韓国	24
日本	18
英国	16
オランダ	15

(2003～2006 年)

図 10　米国製兵器の主要購入国

(出典) Congressional Research Service, *The World Almanac and Books of Facts,* 2009, p. 173.

アメリカ民主主義を歪め、軍国主義的専制政治へと変質させる危険性をもつというのである(33)。ホワイトハウスを去る直前の一九六一年に、アイゼンハウアー大統領は、米国民への告別演説の中で、「この軍産複合体が不当な影響力を、……手に入れることがないよう、われわれは警戒していなければならない(34)」と警告した。

過度の軍事化の影響の二つ目は、財政赤字を生み出したことである。過度の軍事化は、毎年、国民所得の多くを兵器の生産と輸出のために、また巨大軍事組織の維持のために費やすことを意味し(図10、図11)、それが米国の財政赤字の主要な原因となっている(35)。加えて、国の資産の多くが生産的投資に向けられないために、米国の産業界は産業の近代化や合理化の努力を怠ることになった。そのために米国の経済の要である鉄鋼、自動車、家電など、国内の主要生産部門の比較

地域	2002～2005年	2006年
近東、南アジア	180（億ドル）	41
アジア・太平洋地域	2	0.4
アフリカ	1	0.2
南北アメリカ	3	1

図11　米国の地域別軍事融資額

（出典）Defense Security Cooperation Agency, U. S. Department of Defense *The World Almanac and Books of Facts, 2009*, p. 173.

優位（国際競争力）を維持するのが難しくなる一方、多くの企業は、労働組合のない低賃金の場所を求めて生産拠点を海外に移すようになった。その結果、米国内に産業の空洞化が進んだ。米国はこれらの製品を海外から輸入するようになり、その輸入の増大が貿易赤字につながる一方、失業者が増え始め、ホームレスの問題などが社会問題化していった。

過度の軍事化の影響の三つ目は、米国民全体が軍事漬けという一種の「中毒症状」にかかっているという点にあった。というのは、何百万人もの軍人に加えて、他の何百万という米国民が軍産複合体制から生活の糧を得るのが常態になってしまったからである。ケナンの表現を借りれば、米国民は、「軍隊の……食物や衣類などのおこぼれを拾っていた人々にも似た、『軍隊を追いかけていく人々（キャンプ・フォロウァーズ）』になり下がってしまう危険性があり[36]」、彼らは、今や深刻な禁断症状なしにこの習慣から抜け出せない状態にあるという。

過度の軍事化の影響の四つ目は、軍産複合体が米国の対外政策の策定および実施に多大の影響力を及ぼすようになったことである。軍産複合体には、既得権を維持しようと不断に外敵や脅威を作り出す傾向がある。その軍産複合体と、それを取り巻き群がる職業政治家と知的軍事専門家からなる冷戦特権層が、政府に多大の影響を及ぼし、再びケナンの言葉を借りれば、国際問題を処理する際に、「政治的要因をなおざりにして軍事的要因を誇張し、米国の対応を過大に軍事的なものにしてしまう」ということである(37)。

民主社会では国家予算の編成およびその執行には、いかなる場合も説明責任が伴う。したがって、巨額の軍事予算にはそれを正当化するための理由が求められる。米国も例外ではない。軍産複合体の冷戦特権層は、国民から軍事予算への「支持と承認」を取り付けるために、軍事的な潜在仮想敵国の存在を誇張するようになる。ケナンの指摘によれば、米国民は「仮想敵国への猜疑心と恐怖と……敵意を高めるという、この不快な国民的慣行」に久しく慣れさせられてきたという。「この慣行を正当化する理由となるロシア人が存在……しないとすれば、われわれは彼らに代わるなんらかの敵対者を作り出さなければならないといっても不当ではない」と(38)。そのことは、米国がこれからも外敵や脅威を作り出し、軍隊を派遣して海外の「怪物を退治」(39)し続けるという危険性があることを意味している(40)。

米国は、このようにして「世界がこれまで想像もしなかった最も危険な軍備競争に国際社会の大部分を引き込んだことについて、大きな責任を背負い込んだ」として、ケナンはアメリカ外交を批判した(41)。かつてジョセフ・シュンペーターは、「実際的なケインズ主義は、英国以外の土壌には植え付けられない苗木であって、他の土地に植え付けられると、すぐ枯死するか、その前に有毒化する[42]」と予言したが、ケインズ主義は、シュンペーターの予言通り、米国という土壌では軍事ケインズ主義となって有毒化したのである[43]。

米国のヘゲモニーを資金面で下支えする日本

戦後、米国に産業の空洞化と経常収支赤字をもたらせた要因の一つに、米国政府の軍備拡張政策があった。企業の近代化や合理化のために投入されるはずの国の資産が、軍備拡張政策によって生産的投資に回されなくなったために、民間の大企業の多くは、生産経費を下げ、利潤を大幅に上げる方法として多国籍企業化の道を選んだ。そのために米国で産業の空洞化が進行したことはすでに述べた。

米国に産業の空洞化と経常収支赤字をもたらせたもう一つの要因に、労使協調を軸とした米国の労使関係がある。多くの大企業は、生産性の向上に労働者が協力するという条件、すなわち「ストをしない」という約束との引き換えに、団体交渉権と、最低賃金および毎年一定の賃金引き上げを約束する、緩やかな形の「ネオ・コーポラティスト」的協約（これを「フォード主義的労使間妥協」とも呼ぶ）を労働組合と結んだ。そして、生産第一主義（プロダクショニズム）と労使協調のスローガンの下に、労使双方が一丸となって生産にはげむ一方、米国は国内および国外で冷戦を激しく

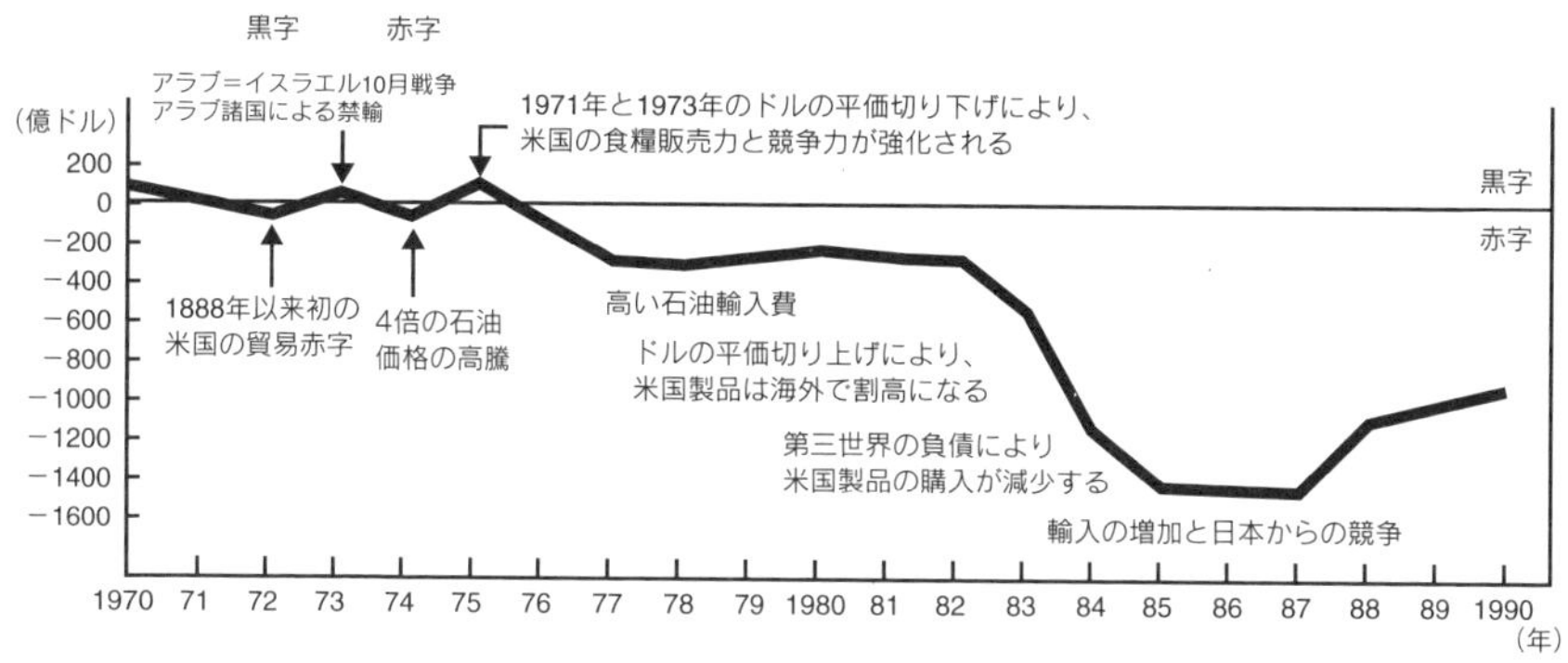

図12　米国の貿易収支（1970～1990年）　（出典）米国国務省

戦った。

企業経営者は、本来であれば生産工程の近代化や経営の合理化により生産経費の上昇をある程度抑えるのであるが、彼らは、政府の監督と指導もあって、労働組合との約束を履行せざるを得ず[44]、労働者に支払う賃金上昇の額の方が合理化による経費削減の額よりも上回ることがしばしばであった。そのために生産経費は、毎年増えていかざるを得なかった。一方、政府は、民主党・共和党を問わず、ローズヴェルト政権が始めた福祉政策を戦後も継承するとともに、減税政策でもって米国民の機嫌を取ってきた。このような米国政府の政策ならびに労使間の取り決めは、国家財政を圧迫する一方、企業経営を難しくすることになった。

このような中で、ヴェトナム戦争での戦費もかさみ、一九七〇年代半ば以降、米国の経常収支赤字が次第に増え続けることになった（図12）。米国政府は、経常収支赤字と過剰債務の拡大の問題に対して、金融の引き締めと国民の消費の抑制でもって臨むべきであった。しかし、政府はそうしなかった。その背景には、米国の消費こそが世界経済の原動力であること、つまりヨーロッパ諸国、および日本や中国などの経済がひときわ大きく米国の成長力と購買力、すなわち広大な米国市場に依存しているという現実があった。

ところで、米国の主導で創られた戦後の国際金融制度、ブレトン・ウッズ体制は、基軸通貨国である米国が外国政府からドルと金の交換の申し出があればいつでもドルを金に交換しなければならない制度であった。同時に、米国が基軸通貨国であるということは、もし米国の経済が経常収支赤字に陥れば、米国政府は緊急避難的措置としてドル紙幣を多く印刷して発行することもできることを意味していた。ところが米国は、金・ドル交換という世界経済の基軸を担う体制の管理者でありながら、国内では貯蓄不足と過剰消費の状態を続けてインフレを昂進させ、ドルの通貨価値を潜在的に下落させる一方、国外では貿易赤字を増大させていった。これが、いわゆる基軸通貨がもたらす一種の規律・倫理の喪失（モラル・ハザード）というものである。ここに一九六〇年代後半から米国が対日貿易において赤字国になる構造があった（図13、図14）。

米国の金準備高が一九六〇年代後半に急に減少して、米国は金とドルを交換することが極めて難しくなった。そして、金融面において米国のヘゲモニーが揺らぎ始めた。そこでリチャード・ニクソン政権は、一九七一年八月一五日（対日戦勝日D—Jデイの翌日）に、米国による「金・ドル交換停止」を一方的に発表した。これが世に言う「ニクソン・ショック」である（図13）。このニクソンの決断は、ブレトン・ウッズ体制をかなぐり捨てることにより、外国政府による「ドル売り金買い」の恐れから米国が解放されることを意味していた。この決定により、米国は、再びどの国の

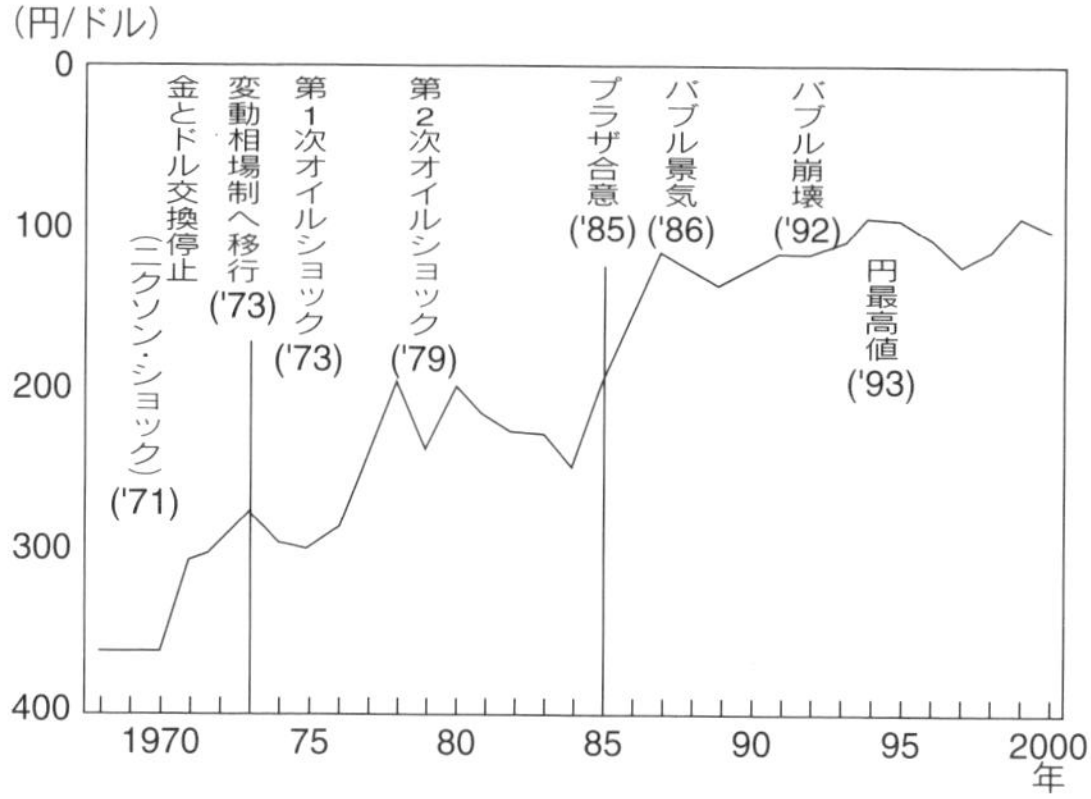

図13　円相場の推移

（出典）『日本の100年』

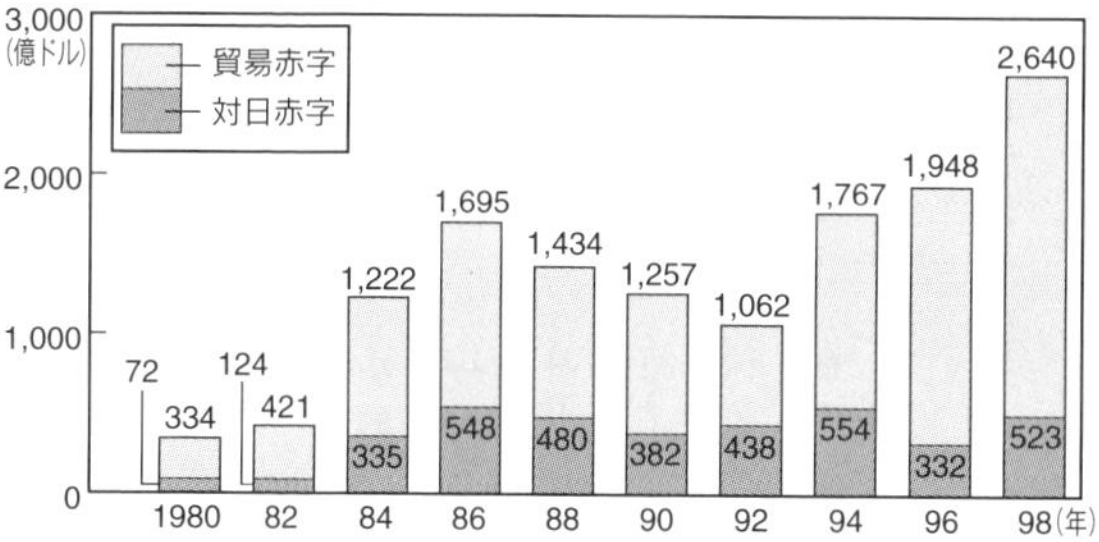

図14　米国の貿易赤字と対日赤字（単位億ドル）

（出典）『貿易統計年鑑』

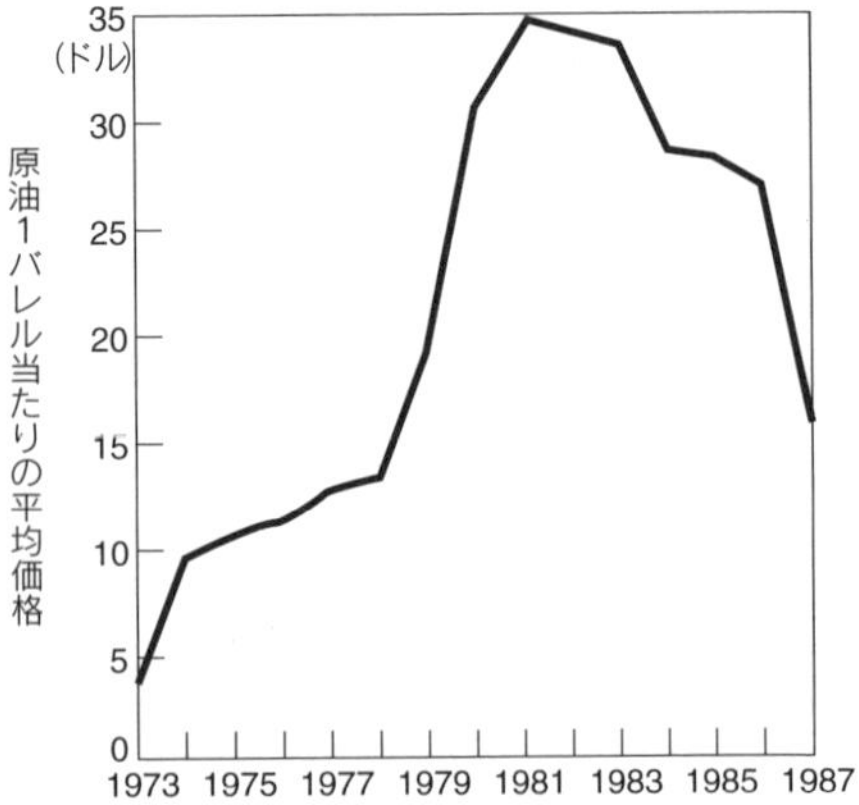

図15　石油輸出国機構の原油価格
（1973〜1987年）

原油価格が1980年以降下落したのは、ドルが1973年よりも下落したため。
（出典）James W. Davidson, William E. Gienapp, Christine L. Heyrman, Mark H. Lytle, & Michael B. Stoff, *Nation of Nations*（New York: McGraw-Hill, 1994）, p. 1252.

製肘も受けないで経済・政治活動に専念することができるはずであった[45]。

ところが大方の予想に反して、一九七三年一〇月に、米国経済はもちろんのこと、世界経済を混乱に陥れる出来事が発生した。それは、アラブ諸国とイスラエルの間の第四次中東戦争の勃発であった。同戦争において石油輸出国機構（ＯＰＥＣ）は、いわゆる石油戦略に訴え、石油の減産および原油価格を大幅に引き上げるにとどまらず、親イスラエル国に対して石油禁輸の措置をとった。これにより、石油危機（石油ショック）による原油価格が高騰し、世界経済は深刻な不況に陥った（図15）。特に米国では、ヴェトナム戦争の戦費に加え、石油製品価格の引き上げがきっかけとなって国内の諸物価が高騰し、インフレがそれまで以上に進行した（図16）。

理論的には、「ニクソン・ショック」以後、世界金融システムは、米国の経常収支赤字を埋め合わせるだけの資金が米国に流入しさえすれば、基本的に世界全体を幸福にするシステムに様変わりしていた。産油国が原油価格の大幅な引き上げで手にした、いわゆる石油ダラーや、対米貿易黒字国から米国に流れ込む資金は、いわば「販売金融（モノを売るためカネを貸すこと、vendor finance）のようなものであった[46]（図17）。外国から流れ込む資金によって米国民は借金をしながら消費を続けていくことができた。日高義樹氏は、サベナス上院議員の発言として、アメリカ経済の六〇パーセントが個人消費から成るという注目すべき事実を紹介している[47]。

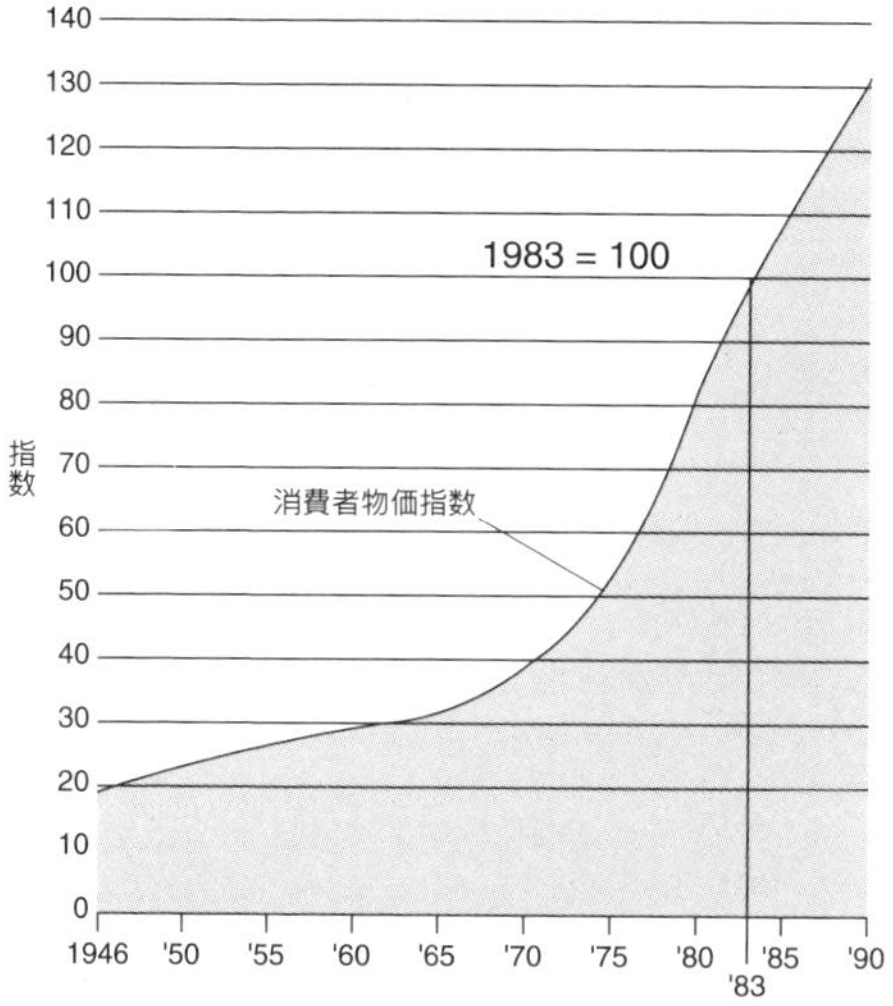

図16　インフレーション（1920～1990年）

インフレは、第二次世界大戦後の20年間穏やかであったが、1960年代半ばのヴェトナム戦争の段階的拡大により、物価が高騰し始めた。1979年と1980年には、第一次世界大戦後初めて二年続きで二桁のインフレを経験した。

（出典）Moss, *Moving On*, p. 282.

そこで米国は、自国に資金が円滑に還流するようドイツや日本などの黒字国を誘導する一方、国外からの資金の受け皿となる自国の金融市場の効率化に励んだ[48]。たとえば、米国は、規制を緩和することにより、金融機関のグローバルな再編成を加速する一方、情報通信革命の進展と金融工学の展開により様々な金融派生商品を作り、市場に出していった。そしてそれが、ジャパンマネーなど

	外貨準備金	金保有高
西ドイツ	185.00（億ドル）	40.46
アメリカ	130.00	105.07
日本	110.00	6.70
イタリア	61.14	28.84
フランス	56.55	35.23
カナダ	47.99	7.92
スイス	43.71	28.57
イギリス	36.19	11.24
オランダ	34.69	18.67
ベルギー	31.96	15.84
スウェーデン	9.65	2.00

図 17　主要国の外貨準備高と金保有高
（1971 年）（出典）IMF 国際金融統計

海外からの資金を効率よく米国へ導いていく仕組みとなった。実際に日本政府は、米国への資金流入経路を細らせないために、日本の金利を長期にわたって必要以上に低めに抑えることさえした。米国の過剰消費を支える日本発の資金還流経路がこのようにしてビルトインされ、日本は、意識するしないにかかわらず、過剰消費を続ける米国のヘゲモニーを下支えするシステムに組み込まれていった。

一九八〇年代の日本経済はバブルの真っ只中にあった。対米貿易の黒字の部分が米国財務省証券の購入やロックフェラー・センターなどの米国資産の買収などに向けられ、日本の対米投資が本格化した。その結果、日本は米国の長期および短期国債（非居住者保有分）の四割を持つまでになった[49]。対米貿易黒字国である日本などから米国に流入した資金の一部は、メキシコなどのラテン・アメリカ諸国やアジアの発展途上国への投資に、またその一部はレーガン政権の軍備拡張政策を下支えするために使用された。ある意味で、日本からの資金は、米国が冷戦に勝利することに少なからず貢献したといえるのではないだろうか。

一九九〇年代には世界中のマネーが情報能力と国際金融で圧倒的に優位に立つ米国市場へと向かい、米国の経済力は金融を軸に大きく回復した。情報技術革命による証券取引のコンピューター化、インターネット株ブームにより、米国民は貯蓄から投資へと誘導され、彼らは競ってカネを投資につぎ込むようになった。このようにして個人も国も大きく負債総額を増大させながら消費を拡大し続け、一九九〇年から二〇〇六年まで、米国経済は空前の活況を呈した。しかし、米国では国内の貯蓄に見合わない投資と消費が続けられるとともに、貿易赤字も増え続けていった。そして米国の経常収支赤字は、一九九五年には一一三六億ドル、一〇年後の二〇〇六年には七倍の七八八一億ドルに跳ね上がった(50)。

一方、アメリカの家計の新規借入額は、一九九五年には三〇〇〇億ドル前後だったのが、二〇〇六年には一兆一〇〇〇億ドルにも達した(51)。それが金融バブルをもたらしたことは言うまでもない。米国では、なんらかの形で株式に投資する国民の数が二〇〇八年までに全体の八〇パーセントに達した。米国は国民総株主化し、不労所得生活者国家化したといえよう(52)。

米国民と米国企業が海外に投資した額は一九九八年には二九八〇億ドルで、外国からの米国への投資額は五六五〇億ドルであった。二六〇〇億ドル余りに上るその差額は、世界の国々、つまり日本などが米国に輸出して稼いだ貿易黒字総額を少し上回っていた。それは、日本国民が対米貿易等で稼いだカネが日本国民の生活ではなく、米国民の生活を豊かにしたことを示唆している(53)。マサチューセッツ工科大学の経済学者レスター・サロー教授は、「米国経済は本当のところ破産している。米国の国民貯蓄率は、一九九八年秋以来マイナスになっている。米国民は稼ぐよりもたくさん使っており、家計簿は借金の方が多い。それでも米国経済が破産しないのは、不況の中でも続く貿易黒字によって作り出された日本の資金をうまく使っているからだ」と説明した(54)。拡大一途の米国の経常収支赤字とドル安に象徴されるように、米国の経済が「破産」しているにもかかわらず、ドルが曲がりなりにも世界の基軸通貨の地位を保っているのは、一つには、石油取引の国際決済に現在もなおドルがほぼ独占的に使用されていること(55)、いま一つは、これまで検討してきたように、日本や中国などの対米貿易黒字国からの資金が米国に還流し、それが米国経済を支えているという現実があるからである。

米国のヘゲモニーを「思いやり予算」の形で支える日本

日本による米国のヘゲモニーの下支えは、米国に向けて日本から還流する資金を通して行われただけではない。日本は、米国の軍事支出負担を軽減するため「思いやり予算」の形でも米国のヘゲモニーの下支えをしている。「思いやり予算」とは、日本側が在日米軍駐留経費の一部を負担している国家予算のことをいう。

一九五一年九月八日、日米両国政府は、サンフランシスコにおいて講和条約とは別個に日米安保条約に調印した。そして両政府は、同条約の第三条に基づいて翌年の二月に日米行政協定を結んだ。その結果、日本政府は、同協定第二五条に基づき、在日米軍駐留経費の全額を拠出することになった[56]。しかし、それから一〇年後の一九六〇年一月に日米両国政府は、日米安保条約を改定し、それに基づいて新たに日米地位協定（ＳＯＦＡ）を結んだ。同地位協定に基づいて、在日米軍駐留経費は、基地地主の地代などを除いて、その全額を米国側が負担することになった[57]。

しかし、既述したように、米国は一九六〇年代後半からヴェトナム戦争の戦費などがかさみ、財政危機とドル価格の下落に苦しむようになった。そこで米国は、在日米軍基地の経常的経費一〇億ドルのうちの在日米軍基地で働く日本人従業員の労働コスト四億ドルの分担を日本に求めてきた[58]。

一九七七年六月、当時の金丸信防衛庁長官がワシントンを訪問した際、金丸長官は、ハロルド・ブラウン国防長官から在日米軍基地の経費分担の依頼を受けた。それに対して金丸長官は、米国政府の意向に沿うよう自分の政治生命をかけて努力することを約束して帰国した。一九七八年に日本政府は、在日米軍基地で働く日本人従業員の福利厚生費の一部を負担することに同意し、六二億円を拠出した[59]。ここに「思いやり予算」と呼ばれる、日本側による在日米軍駐留経費の負担がスタートすることになった[60]（図18）。

「思いやり予算」の正式名称は、「駐留国受け入れ支援（Host Nation Support）である。しかし、日本では、正式名称よりも「思いやり予算」の名称が多用されるのは、それが、「米国からの圧力

年	合計額
1978	62（億円）
1979	280
1980	374
1985	807
1990	1680
1995	2714
2000	2567
2001	2573
2002	2500
2003	2460
2004	2441
2005	2378
2006	2326
2007	2173
2008（予算）	2083

図18　在日米軍駐留経費の年ごとの負担額

（出典）防衛省公式サイト

によるものではなく、日本の自由意志から出た献金として国民の目に映ることが政治的に重要[61]であったからである[62]。

以後、「思いやり」予算は徐々に増え続け、一九九五年度には二七一四億円と、それまでの最高額に達した[63]。「思いやり予算」は、その一〇年後の二〇〇五年度には二三七八億円となり、それに地代や周辺の防音工事、自治体への補助金、無償提供中の国有地の推定地代を含めると、日本の負担額は年間六五〇〇億円（約六五億ドル）を超えた。それは、米兵一人当たり約一六〇〇万円に達する額に相当する。統合参謀会議議長コリン・L・パウエルは、日本に米軍を駐留させることは、「米国内に置くよりも、実のところはるかに安くつく……。日本側は、わが駐留軍の費用の約七五パーセントを負担してくれており、年平均のその支援額は三〇億ドルを超え、他のどの同盟国のそれよりも多い[64]」事実を認め、気前のよい日本の資金的貢献に対し一定の評価を行った。それに対して、ドイツ（二三万二八〇〇人）は、日本（四万七二〇〇人）の約五倍の米軍人員を駐留させておりながら[65]、在独米軍駐留経費の支援額は、一九九二年の実績では日本の支援額の四分の一でしかなかったという[66]。

それはともかく、日本は、「思いやり予算」の形に加え、日本経済のかなりの部分が、米国の購買力と米国民の消費に支えられているという意味での対米依存と日米二国間の補完的関係において、米国のヘゲモニーを資金面から下支えしているのである。

以上の検討から、今や米国は、第二次世界大戦後から冷戦期を通して、世界各地に軍事基地を展開する世界最強の軍事国家、否、古代ローマ帝国、それに大英帝国をも凌駕する人類史上最大の軍事国家に様変わりしたことが分かった。それと同時進行の形で米国は、世界で最大の赤字国ならびに債務国に変容したことが明らかになった。英国国防省のクリストファー・サンダーズの言葉を借りれば、「基地租借帝国（"Leasehold Empire"）[67]」と「借金漬け」、これが米国のアメリカ史における現段階に他ならない。

一九八〇年代から今世紀初めにかけて、第二次世界大戦後に米国の築いた国際秩序の矛盾が露わになり、米国の力の衰えが誰の目にも明らかになってきた。それらの矛盾は特に頻発する地域紛争やテロ行為、経済成長の減速や世界的な金融恐慌など様々な形となって現われている。たとえば、二〇〇九年六月現在の米国の失業率は、九・五パーセントに達している[68]。米国の失業率が一九八三年以来の高水準にあることが示しているように、米国の経済不況は依然として深刻である。そのような状況の中で米国は、今後どのようにヘゲモニー国家としての責任を果たし続けるのか。米国の納税者は、世界秩序の維持に伴う重い税の負担や、人命の危険や犠牲に対してどこまで耐えていけるのか。

このような厳しい現実を前にして、米国政府は、今や米国だけですべての問題を解決できる時代は過ぎ去ろうとしているとの世界認識に立って、国防総省国際問題担当次官補ジョセフ・ナイを中心に、一九九五年二月に「東アジア戦略報告」（通称「ナイ・レポート」）を作成し、それを全世界に向けて発表した。同報告書は、冷戦後の新しい世界情勢への対応策の一つとして日米安保を「再定義」し、日本を米国の世界戦略上の拠点として位置づけた。この「東アジア戦略報告」は、世界の立て直しと米国の再生には同盟国や友好国の協力が必要であることを強調するとともに、安保体制の広域化と極東有事の際における日米協力態勢の整備の重要性を印象づけた。

続いて、ジョージ・W・ブッシュ大統領就任の前夜に、リチャード・アーミテージとジョセフ・ナイを中心とする「超党派グループ」が、ワシントンの屈指のシンクタンクである国家戦略研究所に集まり、「米国と日本―成熟したパートナーシップに向けて」と題する、いわゆる「アーミテージ・レポート」を作成した。同レポートの第三項は、日本の集団的自衛権の禁止が、日米「同盟への制約」になっていることを指摘し、日本が東アジアの「英国」となることが望ましいと提案している。(69)

これら二つの報告書が、冷戦後の世界秩序の維持をめざす米国の国益に沿ったものであることは言うまでもない。米国による世界戦略の立て直しに日本が重要な存在となっている今こそ、同盟国日本が独自の構想力や外交力を発揮しうる絶好の機会が着実に訪れると思われる。したがって、私たち日本国民は、米国の物質面も精神面も、偉大なところもそうでないところもしっかりと見極めたうえで、米国と協力し末長く付き合っていくことが重要であると思われる。

第二章　米国の世界戦略──歴史的考察

一九二〇年代終わりから三〇年代の初めにかけてからの一〇年間のような一〇年をもう一度経験するとしたら、それは、わが国の経済体制、社会体制に必ずや非常に深甚な影響を残すことになるであろう。……私の言わんとするのは、海外市場なしには米国における完全雇用と繁栄を達成することはできないということである。[1]

ディーン・アチソン、一九四四年一一月[2]

次に、視点を変えて、米国の本質を見極める一手法として米国の歴史にさかのぼり、米国の指導者の世界観とそれに基づいた米国の世界戦略を考察してみたい。

「自由の国」アメリカ

米国は、多人種および多民族の多種多様な移民ならびにその子孫からなり、人工的に創られた近代国家としてスタートした。初期の移民の多くは、自らの意志で故郷を捨て、自分の力を信じて新たに運命を切り開こうと英国から新天地アメリカへ渡って来た人たちであった。彼らの主たる動機は、一七世紀の英国における「強烈なイデオロギー闘争」(3)の結果手にした自由をより確実なものにすることにあった。彼らが新天地アメリカで求めた「自由」とは、土地および社会的慣習などの過去のしがらみから解放され、一人ひとりが人格を持った、いわば原子のような一個の独立した人間になることをいう。それは、自らが理性的に決定を下すことで、新しい生活において個性的な自分となる環境を意味していた。彼らが求めた「自由」の中には、政治に参加する権利、財産を私有する権利、好きな事業を営む権利、信教の自由の権利、言論の自由の権利、出版の自由の権利、結社の自由の権利などが含まれていた。言い換えれば、初期の移民が求めた「自由」は、結果として、他者との間に差異を作り出す社会的条件を意味していた。

このような夢を抱いて新大陸に渡った移民およびその子孫は、自由である限り勝者と敗者が生まれ、人々の間に格差が生じるのは当然であると考えている。彼らがアメリカへの移住を決意した主たる動機は、このような「自由」を求めることの他に、新天地アメリカにおいて、かつて自分の住んでいた場所よりも安全でかつ豊かな生活を営むことにあった。彼らにとっての米国とは、自分の能力の許す限り「自由」をフルに活用し、他者との間に決定的な差異をつけたいと願う人間が住み、ひと時も止まることなく動いている希望の国を意味している。(4)

中でも移民にとって「自由」は、利益を求めて自分の能力をフルに発揮し、その結果手にする私有財産を意味している。そして、労働の結果手にした私有財産は、合衆国憲法修正第五条によってしっかりと保証されている。というのは、米国では「何びとも正当な法の手続によらずに、生命・自由または財産を奪われることはない」からである。米国民は、「利益の追求こそ、それが社会の発展につながり善である。利益になることをやっている限り、人間は間違わない」という確固たる信念を抱いており、自分の能力の及ぶ限り利益を追い求めることに対して何の後ろめたさも感じることはないという。したがって、米国民が「自由になりたい」と思うとき、それは、移民という彼らの共通の出自に根ざした「人生を欲深く生きたい」という強い思いを意味していた(5)。バンカーズ・トラスト会社のJ・モルデン・マーフィーは、「米国の経済発展の歴史において、常に利潤追求の動機が極めて重要な位置を占めてきた」と指摘している(6)。

加えて、米国民は、米国の人道主義的で理想主義的な側面を強調すると同時に、それと表裏の関係にあるもう一つの側面、つまり、野心の表れと捉えられがちな実利の追求や、「自由」の持つ暗い側面、すなわち他者を差別し、抑圧し暴力的に排除することなど、彼らに後ろめたさを感じさせるものを意識の上で隠ぺいしてきた。それは、米国の象徴であり、米国のアイデンティティー(自己証明)でもある「自由」そのものが、実は物質的利益を追い求める米国民の行動や生活態度に依存しているからである。言い換えれば、米国は、「私的利益の追求」の自由と、その結果手にする「私有財産」の不可侵という原則から成り立っている国であり、そこでは「自由」のもつ明るい面と暗い面が補完し合い、補強し合いながら共存しているということができよう(7)。

米国の膨張主義―門戸開放（オープン・ドア）から自由市場（フリー・マーケット）へ

米国民が、「自由」を求めて新天地アメリカにやってきた移民とその子孫からなるがゆえに、彼らの大部分は、米国の右肩上がりの発展を信じ、膨張主義的な世界観を共有していた。彼らの世界観は次の三つの考えに基づいている。一つは、政治的空間が不断に広がっていることが、米国の民主主義を守り、米国の民主主義を発展させる最善の方法であるという考えである。[8] 二つ目の考えは、経済的空間が不断に広がっていることが、未開発状態にある経済を発展させる最善の方法であるという考えである。言い換えれば、アメリカ民主主義と自由市場経済、つまり政治的自由と経済は切っても切れない関係にあることである。三つ目の考えは、地理的空間が不断に広がっていることが、地域間の緊張・対立および階級間の対立など国内の利害衝突を抑える最善の方法であるという考えである。言い換えれば、米国民の世界観とは、国家としての米国の存立ならびにその発展のカギ、それに国民一人一人の幸福のカギを握っているのは膨張であること、そして米国が不断に膨張し続ける限り、米国内の秩序は保たれ安定するという考え方である。米国の膨張主義について、一八五〇年にニューヨーク州選出の上院議員ウィリアム・H・シュワードは、「米国民に見られる領土拡大の野心の大きさは、古代ローマ帝国の歴史においてでさえ見当たらない」と語ったという。[9]

実際に、北アメリカ大陸における領土的膨張は、一八世紀末のアメリカの建国以来、米国の発展に大きく貢献した。そして、それから一〇〇年後の一九世紀末には、米国民の不断の膨張によって地理的空間（フロンティア＝未開拓の自由地）が北アメリカ大陸から消滅するとともに、米国はそれまでの牧歌的な農業国から都会的な産業国に様変わりした。フロンティアが消滅したということは、米国民にとって北アメリカ大陸がアメリカ民主主義を維持するための「生活圏」の役割をもはや果たしえなくなったことを意味していた。

同時に、米国が都会的な産業国に様変わりしたということは、南北戦争後、産業主義の経験を通して強力な生産力を身につけた米国が、英国を抜いて世界第一の産業国に成長したことを意味していた。一九世紀末の米国は、農業部門においても、また工業部門においても、国内で消費する量よりも多くを生産していた。その結果、過剰生産と過少消費の問題が社会問題として浮上することになった。過剰生産の問題が、利潤率の低下と倒産、それに生産調整による失業など、米国において厄介な政治・経済ならびに社会問題を引き起こさないためには、米国内にだぶついた余剰産物を是非とも海外へ輸出する必要があった。米国の指導者は、領土的膨張が米国の発展に大きく貢献したように、二〇世紀以降は海外膨張が米国の発展に必要不可欠なものと考えるようになった。

米国の指導者は、海外膨張が米国に次の四つの役割を果たすと考えていた。一つ目は、すでに述べたように、海外膨張によりアメリカ民主主義が維持されること、二つ目は、海外膨張により米国の余剰資本の投資先ならびに余剰産物の販売市場へのアクセスが可能となること、三つ目は、右肩上がりの発展が持続できない場合、米国の自由市場経済は国家の厳しい統制と管理の下に置かれる

図19　ウッドロー・ウィルソン

ことが懸念されたが、海外膨張によりそのような事態を回避することができること、四つ目は、海外膨張により国内の階級対立や地域間の対立を乗り越えて、国民的団結をもたらすことができることなどであった。したがって、米国の指導者には、海外膨張は一九世紀末の米国社会が直面していた諸問題を解決してくれる万能薬のように思われた。

二〇世紀に入ると、米国の指導者の世界観は、自由主義的・資本主義的な国際主義となって現われる。その世界観は、第二八代米国大統領ウッドロー・ウィルソン（図19）の政治思想に代表されていた。自由主義的・資本主義的な国際主義に基づく世界秩序とは、カネ・モノ・サービスなどが国境を越えて自由に行き来する開かれた世界秩序を指している。その政治思想は、先進資本主義諸国をはじめ世界の国々が、最新の技術と合理的な経営方法を各自導入して生産性を上げ、世界市場向けに大量生産する一方、海洋の自由、自由貿易、国際分業、比較優位、通貨兌換の自由等、いわゆる経済的国際主義の諸原則の下に経済活動を展開しつつ、最大限の利潤を上げる世界経済成長戦略を指していた。

ディーン・アチソンは、一九三〇年代に大恐慌を経験した後、米国の世界経済成長戦略について次のように説明している。このような経済恐慌をもう一度経験するならば、「わが国の経済体制、社会体制に非常に深甚な影響を残さずにはすまない……。私が言わんとするのは、海外市場なしに米国における完全雇用と繁栄を達成することはできないということである[10]」と。加えて、ヨーロッパ復興計画（マーシャル計画）の担当者ウィリアム・C・フォスターは、米国の膨張主義的な世界観を、「米国の思想全体を覆う考え方は、現在持っているものを分け合う静態経済の思想ではなく、今よりも多く生産する拡大経済の思想である[11]」とわかりやすく説明した。アチソンの説明、それにフォスターの発言を別の言葉で表現すれば、米国の指導者は、米国の繁栄が海外膨張と切っても切れない関係にあると捉えていたということである。

米国民は、門戸開放＝膨張主義を「国民一人一人の幸福に資する正当なもの」としてこれまで何ら疑問視することなく受け入れてきた。建国以来の米国の伝統的なこの世界観は、一九世紀の調和予定説、つまり米国の利益と世界全体の利益は一致しており、米国にとってよいことは世界にとってもよいことだという単純でかつ楽観主義的な前提の上に立っていた。したがって、対外政策や対外関係においては、米国の私利私欲の無さ、寛大さ、他愛主義が、また国内においては、米国社会の民主的かつ進歩的な側面が、それぞれ強調されるとともに、明るくて前向きの米国像が現在に至るまで繰り返し描かれてきたのである。

門戸開放＝膨張主義の世界観に基づく米国の世界戦略は、大きく分けて次の三つの目的を追求していると思われる。一つは、米国の安全を保障することであり、二つは、米国内の自由企業資本主義体制、自由主義的民主主義、それに豊かなアメリカ的生活様式を保持すること、三つは、米国に対する畏敬の念を米国の同盟国ならびに米国の友好国に抱かせること、つまり、米国のリーダーシップをそれらの国々に受け入れさせるとともに、米国の世界政策への協力をそれらの国々から取り付けることにある。米国は、その世界戦略の目的を達成する手法として、まず、圧倒的な軍事的優位を保つこと、次に、世界全体が恩恵に浴することができるよう、世界経済を円滑に運営して右肩上がりの経済成長を持続させること、そして、核の抑止力を背景に「世界の警察官」の役割を果たすことを挙げている。

戦後米国の対日政策—その基本的特徴

次に、米国の対外政策の特徴と目的について、東アジア、特に戦後の日本に絞って考察してみたい。戦後、米国が追求してきた対日政策の基本目標とその特徴として、次の三点が考えられる。

第一に、米国の対日政策の背景には、米国民に特有の文明史観である「文明の西漸」説、ならびに東アジア問題への関与の歴史的伝統がある。米国民は、一九世紀前半に米国の領土拡張を主張するために広く用いられた「明白な天命（マニフェスト・デスティニー）」のスローガンや、文明は西に向かって地球を一周するという、いわゆる「文明の西漸」説を信奉していた。「文明の西漸」説とは、文明は、「古代ギリシアから始まって古代ローマへと移動し、次にアルプス山脈を越えて西ヨーロッパへと伝播する。その後、ドーバー海峡を横切ってイギリスへ、そしてイギリスから大西洋を渡って北アメリカ大陸へと移り、さらには北アメリカ大陸を西へ横断し、次に太平洋へと進んでアジア大陸に到着し、地球を一周する」と捉える文明史観のことをいう。米国民は、このような文明史観に立って、一九世紀に東海岸から西海岸に向かって北アメリカ大陸を開拓し定住した、いわゆる西漸運動、それに西漸運動の延長と捉えられている一九世紀末以降の海外膨張を説明するとともに、その論理的帰結としてこれまで米国の東アジア問題への関与を正当化してきた。

米国の東アジア問題への関与の例として、たとえば、一八九九年と一九〇〇年にジョン・ヘイ国務長官によって発せられた門戸開放通牒と、その後の中国における門戸開放政策の展開、米国の提唱により開催された一九二一年のワシントン海軍軍縮会議、一九四〇年代の太平洋戦争と日本占領、それに続く一九五〇年〜一九五三年の朝鮮戦争、一九五四年と一九五八年の金門・馬祖紛争をめぐる米中対決と対共産中国包囲網政策の展開、それに一九六五年〜一九七三年のヴェトナム戦争などを挙げることができよう。最近まで東アジア地域は米国の指導者の間で「極東（Far East）」と呼ばれてきたが、一九八二年度に太平洋を横断した米国の貿易額（一六五〇億ドル）が、大西洋を横断した米国の貿易額（一一五〇億ドル）を上回ったことを契機に、東アジア地域は、今や米国の

「近西（Near West）」となった。[12] この事実は、米国は、グローバル国家（a global power）であると同時に、太平洋国家（a Pacific power）でもあることを強く印象づけるものである。[13]

第二に、米国が東アジア問題に関与する際に、その動機の一つに東アジア地域を改革して、米国のイメージに合うように作り替えるという使命感が挙げられる。たとえば、対日占領期の民主諸改革がそれにあたる。北アメリカ大陸の西部で生まれ育った連合国軍最高司令官ダグラス・マッカーサー元帥は、「日本を新しい中西部（ミドル・ウェスト）に作り替える」ために情熱を燃やし、占領改革を次から次へと断行したと言われている。さらに、連合国軍最高司令官総司令部（GHQ）の民政局次長チャールズ・L・ケーディスや、同じく総司令部の経済科学局長ウィリアム・F・マーカットなどのいわゆる「ニューディール派」は、占領期の日本を「ニューディール」（新規まき直し）政策の「処女地」と捉え、自分たちの改革構想を、日本国憲法の制定や財閥解体などの民主的諸改革に活かして、戦後の日本に一種のユートピアを実現することをめざした。松本清張によれば、占領期の「ニューディール派」は、「米国でやれない実験を日本でやろうとし、あたかも日本人をモルモットのごとく実験台に乗せた」[14] という。

さらに、米国コルゲート大学の学長で、米国の代表的なシンクタンクである外交問題評議会（CFR）「対日講和条約問題」研究班の委員長を務めたエヴァリット・ケイスは、米国を「東アジアにおける政治、経済、それに社会的発展に利害関係を有する当事国（A Party-At-Interest）」と位置づけた。これらの発言は、日本を含め東アジア地域に対する米国民の使命感や思い入れをはっきりと表しており、それらは米国の歴史的伝統に基づいたものである。

第三に、対日政策の背景に米国の東アジア基本戦略がある。この戦略の目的は、「日本を自由主義陣営に留まらせる、言い換えれば、日本の共産化を防ぎ、ソ連の衛星国になるのを阻止」する点にあった。基本的に米国の東アジア基本戦略は、英国の地理学者兼政治家ハルフォード・J・マッキンダー卿が唱えた「地理学からみた歴史の回転軸」論（一九〇四年）ならびに「ハートランド（中核地域）」理論（一九四三年）に基づいているように思われる。「ハートランド」とは、地理的にはユーラシアの北の部分に当たり、主としてその内陸部を指している。マッキンダー卿は、アジアの中央部を歴史の回転軸の地域とみなし、ユーラシア大陸のハートランドの資源を支配する—すなわち（ドイツや日本のような）工業地域と（ロシアや中国のような）農業地域を同時に支配する—国家が現れれば、その軍事大国は究極的には全世界を支配するであろうと主張した。この地政学理論によると、そのような軍事大国が世界を支配する事態になる前に、（英国や米国のような）大海洋国家は、グローバルな勢力の均衡を保つために、そのような軍事大国の出現を阻止する行動を起こす、あるいは起こすべきであるという[15]。

マッキンダー卿の地政学理論は、米国では一九世紀末から二〇世紀初めにかけて、『文明と衰退の法則』（一八九五年）や『新しい帝国』（一九〇二年）などを著した歴史家ブルックス・アダムズ、それにアダムズの影響を受けたセオドア・ローズヴェルト大統領やアルフレッド・T・マハン提督などの指導者によって共有され、その後も多くの指導者に影響を及ぼしてきた。たとえば、トルーマン大統領特使として対日講和条約交渉を担当し、後にアイゼンハウアー政権の国務長官を務めたジョン・フォスター・ダレス（一〇二頁図24）もその一人である。ダレスは、「世界の将来は、ソ連が戦争に訴えることなく、西ドイツと日本をその支配下に置くことができるか否かに大きくかかっている」[16]と捉えており、米国の対外政策の基本目的を「西ドイツと日本が、ソ連の手の中に入るのを阻止すること」であると言い換えた。彼によれば、日本を「自由主義陣営の一員にする」ということは、「世界の勢力均衡を西側陣営に有利に保ち、それによりソ連との戦争の危険性は最小限に抑えられるだけでなく、世界の平和と秩序が維持される」というのであった。

それから四半世紀が経過した一九七八年に、米国国防総省のエレン・L・フロスト次官補代理は、ダレスと同じような考えを吐露した。同高官いわく、「われわれは、日本とドイツの安全が米国の安全の一部と捉えている。というのは、両国が世界および地域の政治的、経済的な安定と発展にとって重要であるばかりか、地理的にも米国の安全保障にとって重要な位置にあるからである」[17]と。さらに一九八七年には、米国政府のある高官は、米国の世界戦略がマッキンダー卿の地政学に大きく依拠していることを示唆する発言を行った。彼は、「日本の安全は、米国にとって死活的に重要である。日本が引き続き中国とソ連の政治的ならびに軍事的影響力から自由であることが、ユーラシア大陸を分割の状態に保つという、これまで米国が長きにわたって追求してきた戦略の重要な要素をなしている[18]」ことを認めた。

要するに、戦後、米国が築いた世界秩序は、米国が世界の支配者の地位に長く留まるために築いたものであると同時に、ユーラシア地域（ハートランド）を支配する一大軍事国家の出現を未然に阻止するという米国の世界戦略の基本は、第二次世界大戦後、それに冷戦期を通して冷戦後の現在に至るまで、何ら変わってはいないといえよう。

一九五一年の対日講和条約および日米安全保障条約締結の意味

一九四五年九月に始まった米国の日本占領も、一九五一年一月に六年目を迎える頃になると、過去五年間の軍事占領に対する不満やナショナリズムの感情が日本国民の間に次第に高まってきた。そして国民は、一日も早い主権の回復を望んでいた。日本を訪れたある米国人は「占領が押し付けた政治秩序および社会秩序への強い不満が少しずつ表面化しつつある」ことを認めた[19]。一方、朝鮮半島では、戦闘が日々激しさを増していた。それに呼応するかのように、太平洋の両岸では対日講和の準備が急ピッチに進んでいた。

長期にわたって日本を軍事占領することがこれ以上望めない中、米国は、講和条約と安保条約を同時に締結することにより、占領期の軍事支配から、日本を政治的、経済的、文化的に支配しうる方向へと日米関係を移そうとした。米国政府を代表して日本政府と条約の交渉をしていたダレスは、講和条約が日本を「自由主義陣営へ引き入れ、留めておく」ために必要な「数多くの要素の一つ」と捉えていた。しかし彼は、将来の日米関係の礎として日米安全保障条約（以下、日米安保条約と略記）、それに一九五二年二月の日米行政協定（一九六〇年に日米地位協定に改正）の方をより重視していた。

米国の日米安保条約締結の目的は、太平洋戦争によって日本との間に生じた力関係の変更を半ば永久的なものにすることにあった。そのために米国は、法的条項（講和条約）でもって新しい力関係を保証しようとしたのである。この過程を通して米国は、日本の手から米国に挑戦する力（領土、軍事、政治、経済、ナショナリズム）を奪う一方、新しい国際秩序において支配者の地位にできる限り長く留まれるように、終戦当時の「現状」を維持しようとした。というのは、日本の手から力を奪っている限り、そして日本が米国に依存している限り、米国は日本を支配する欲望を満たすことができるからである。その目的を達成するために、米国政府は「アメとムチ」の戦術を用いた。まず「アメ」の戦術として、米国は講和条約を、規制のない、また賠償義務の伴わない「寛大な」条約とした（図20）。

確かに、講和条約は、独立、すなわち主権の回復という、米国が日本に差し出した「うまみ」であった。しかし、それを手にするためには、日本はもう一つの条約である日米安保条約、すなわち

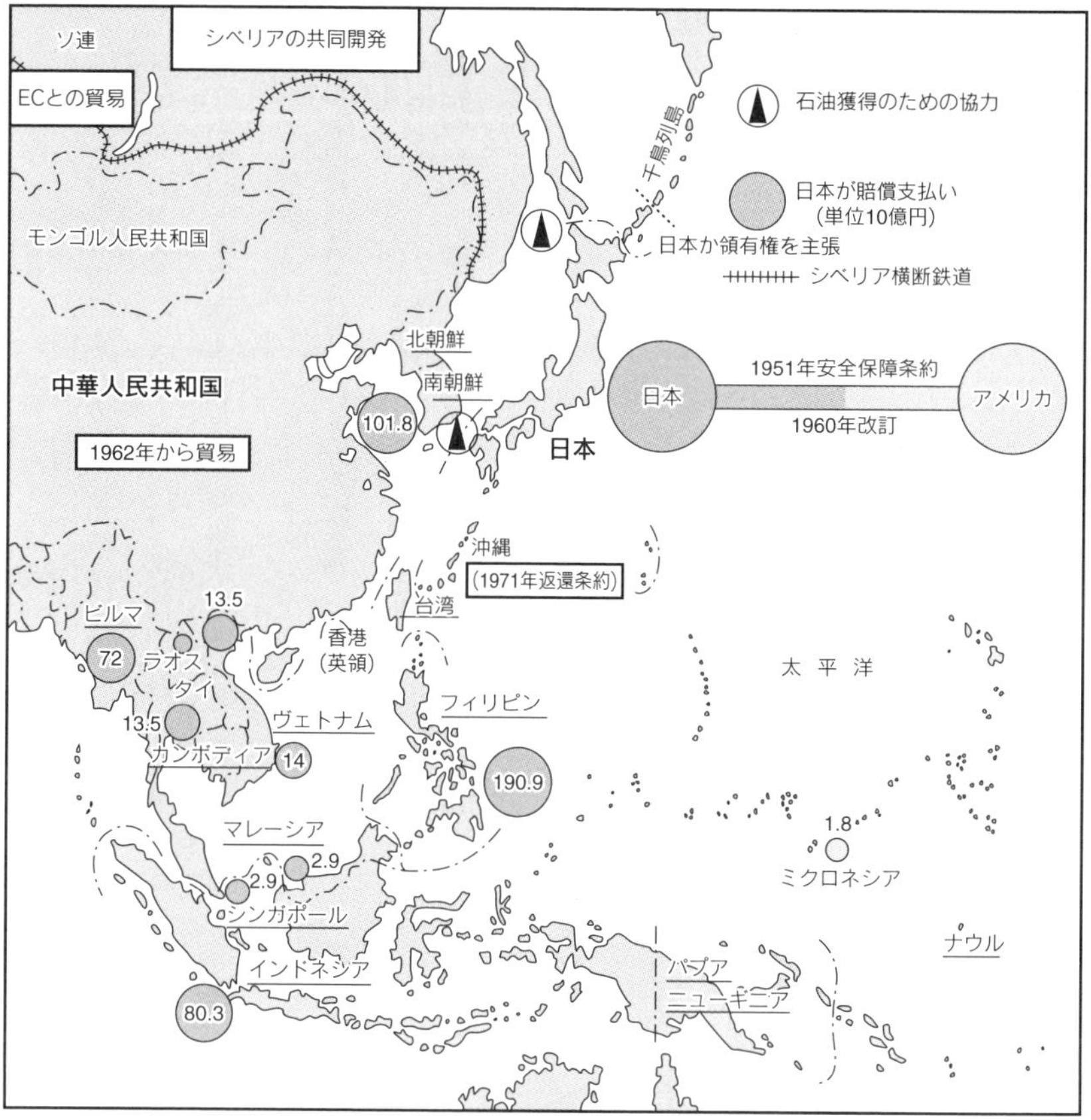

図 20　戦後日本の対外関係（同盟、賠償他。数字の単位 10 億円）

（出典）『カラー世界史百科、増補版』（平凡社、1988 年）578 頁より。一部削除

「にがい薬」を同時に飲み込むしか術がなかった。言い換えれば、講和条約と日米安保条約で制度化した、いわゆるサンフランシスコ体制は、日本の独立達成後も米国が引き続き日本を「支配する」という本質的な点で、それまでの軍事占領とあまり大差はなかった。

講和条約だけでは解決しえない難題

米国政府は、日本を自由主義陣営に留め、ソ連ならびに共産中国と冷戦を有利に戦うために、講和条約の締結に勝るとも劣らないほど重要な課題を抱えていた。それは、米軍基地を日本に半永久的に保持するという課題であった。米国は、東アジア地域の平和と秩序を守るために、すなわち、ソ連に日本を侵略する気持を起こさせないために、講和条約締結後も日本本土および沖縄に米軍基地を保持すること、つまり日本に是非とも米国の軍事的プレゼンスを受け入れさせるとともに、それを半永久的に保証させる必要があった。

一方、戦争の敗北とそれによる破壊、それに続く米国の対日占領による日本社会の非軍事化政策により、終戦直後の日本には「力の真空」が生じていた。言い換えれば、日本の平和憲法において戦争を放棄している上でも、当時の日本は、軍事的にいわば「裸」のような状況にあった。したがって、日本が主権を回復した後、いかにして国の独立と安全を保障していくかが、当時の日本政府にとって最も深刻でかつ重要な課題であった。吉田茂首相の率いる日本政府は、冷戦という厳しい国際情勢と日本の「力の真空」状態の中で、「飽くまでも暫定的な措置として[20]」西側陣営の一翼を占める形で、日本における米国の軍事的プレゼンス、すなわち日米安保条約を受け容れた。一方で、米国の世界戦略上の利益、他方では日本の独立と安全の維持という点において、米国と日本の思惑はそれぞれ異なっていたが、しかし、日本における米国の軍事的プレゼンスの必要性に関して米国と日本の間に利害の一致が、数少ない日米関係史上の結節点において見られた[21]。

日本における米国の軍事的プレゼンスの意味

吉田首相の日本の国益観ならびに米国の軍事的プレゼンスに対する彼の思惑がどのようなものであったにせよ、日本における米軍のプレゼンスは、米国にとって次のような意味を持っていた。

米国の軍事的プレゼンスの一つ目の意味は、米国の安全保障上の必要性を満たすことであり、それは米国民にとって極めて重要な関心事であったということである。言い換えれば、米国は、半永久的に日本に米軍基地を保持することにより、日本の軍事的な自由行動を抑制することにあった。米国民から見て、戦後の日米関係の起点は、一九四一年一二月の日本軍による真珠湾奇襲攻撃にあった。米国民が受けた「真珠湾奇襲攻撃」のトラウマは、容易に忘れ去れるものでなく、その後もずっと「パール・ハーバー」症候群として、彼らを悩まし続けた[22]。国際政治学者の永井陽之助氏によれば、「パール・ハーバーは、日本人にとってのヒロシマに匹敵する重みをもつ象徴[23]」となっているという。したがって、戦後、日本と関係を築く上で米国にとっての最大の課題は、「パール・ハーバー急襲型の一撃」を二度と繰り返さないような保証を日本から取り付けることであった。

米国の軍事的プレゼンスの二つ目の意味は、米国民が在日米軍基地の保持を、太平洋戦争の勝利により手にした目に見える形の戦利品とみなしていたという点にあった。どの戦争についても言えることであるが、戦勝国は、何らかの戦利品を敗戦国から手にする。その意味において、米国民は私欲のない国民であるという自己像を抱いていたが、太平洋戦争を戦った米国の兵士にとっては、在日米軍基地は戦利品であると捉えていた。

もちろん米国民の中には、その戦利品を、それまで信奉されてきた「文明の西漸」説が正しいことを証明するものと捉える人もいたであろう。言い換えれば、在日米軍基地は、日本占領の経験に基づいた米国の既得権（「特権」と言い換えてもよい）を日本の独立後も継続して保持し、日本を管理し支配したいと思っている米国、特に軍関係者の意思の表れでもあった。在日米軍基地の問題に言及しながら、ダレスは、対日講和条約および日米安保条約において解決すべき主たる重要な問題は、「われわれの好きな場所にわれわれの好きなだけの期間、われわれの好きなだけの軍隊を駐留させる権利を手にいれることではないのかね」と側近に語ったという。[24] ダレスをはじめとする米国の指導者は、在日米軍基地の問題を解決するために、日ごとに激しさを増すソ連との冷戦、国際共産主義などの脅威という「カード」を日本政府との交渉において最大限有効に利用した。

米国の軍事的プレゼンスの三つ目の意味は、沖縄の米軍基地を含む在日米軍基地が米国の世界戦略にとって極めて重要であったという点である。まず、それは、有事の際に在日米軍基地が、即時に軍事展開ができる前方展開基地の役目を果たすということである。講和条約の交渉が行われていた当時、朝鮮半島では激しい戦闘が繰り広げられていた。そして、朝鮮戦争が終わった後も、朝鮮半島ならびに東アジア地域において有事の再発が想定された。そのような国際環境および国際情勢に対する認識から、米国の指導者の間では、米国の前方展開軍を即時に紛争地域に派遣するには、日本における米国の軍事的プレゼンスは必要かつ不可欠と捉えられていた。事実、日本は「敵国の極東中枢に最も近いところに常備された航空母艦[25]」として貴重な存在と評価されていた。

加えて、日本本土および沖縄に米軍基地を維持することが、朝鮮半島に駐留する米軍兵士とその家族を守る必要性からも不可欠であると考えられた。ニューヨークにある米国屈指のシンクタンク「外交問題評議会」の会合で、米国陸軍士官学校のA・A・ジョーダン中佐は、「われわれは、韓国に対するコミットメント（公約）を無視するわけにはいかない。在韓米軍を支援するために、われわれは日本に駐留しなければならないのだ[26]」と述べ、在韓米軍との関連で在日米軍基地の必要性を説明した。「もし日本から米軍が撤退し、その後朝鮮で再び戦争が勃発し、（在韓米軍の）支援を真珠湾に求めざるを得なくなるとすれば、どのような事態になるか。（沖縄以外に）極東地域のどこに米軍を配置することができるというのか[27]」という意見が、同会合では支配的であった。さらに、

「日本からの在韓米軍への支援が期待できない状態で米軍二師団を韓国に残留させるくらいなら、いっそ米軍を韓国から全面的に撤退させて、共産主義者に再び韓国を占領させるほうがまだましだ。言うまでもなく、そんなことはできるはずがない[28]」といった意見も飛び出し、在日米軍基地の重要性が在韓米軍との関連でことさら強調された。

最後に、前方展開基地としての役割の他に、在日米軍基地を保持する利点として、米国の軍事費の節減に役立つという点が挙げられる。つまりそれは、在日米軍基地により、平時に第七艦隊や海兵隊を西太平洋地域に配置できるので、艦隊などを、艦船の修理や兵員の休養のためにわざわざ米国西海岸まで移動させる必要がなく、それが米国政府にとって経費削減につながるということであった。加えて、日本の技術水準は高く、品質管理にも優れているので、在日米軍の兵站と補給にとっても日本は欠かせない存在であった。

米国にとって沖縄の米軍基地の重要性

さらに、同じ「外交問題評議会」の会合においては、沖縄の米軍基地の重要性について委員の間に意見の一致が見られた。確かに、日本本土および沖縄において米軍基地に反対する勢力が高まりつつあることに対して懸念を抱く者も委員の中にいた。しかし同会合では、東アジア問題に関与し続ける意志の固い米国にとって、沖縄の米軍基地が果たす役割の重要性が再確認されたのであった。たとえば、ジョーダン中佐は、「もし沖縄から引き揚げて、どこか別のところに基地を建設するならば、米軍基地に対する反対は少なくなるであろう。しかしながら、北東アジアにおいて米国のコミットメント（公約）を維持したい限り、米国はどこまでも沖縄（の米軍基地）を死守する必要がある[29]」と主張した。

したがって、沖縄の米軍基地問題に関して米国は、日本政府に対して常に強い態度で臨む必要があることも確認された。その会議での一致した見解は、「もし沖縄に米軍基地をずっと保持したいのであれば、米国は（日本に対して）断固たる態度で臨む必要がある。この問題でわれわれの立場がぶれると、反対勢力を力づけることになる。……もし日本の政権が交代すれば、われわれは基地を失うかもしれない。その場合、アジアにおける米国の立場を維持することが今よりももっと難しくなるだろう[30]」ということであった。同シンクタンクの会合では、「日本は、米国が今日アクセスできる最も重要な地域である。米国民は日本に非常に強い関心を抱いており、その関心は米国の利益と米国の安全保障に基づいている。……友好関係の維持だけが、対外政策の唯一の基盤ではない。われわれが自分自身の利益を優先的に考えなければならないのは、この問題についてである[31]」との点で合意が見られた。要するに、沖縄の米軍基地は、在ドイツ米軍基地を含めヨーロッパ各地の米軍基地とともに、第二次世界大戦後の米国の世界戦略の中核をなしているために、米国はその特権を死守するつもりであった[32]。

実際に、日米関係を語る際には、米国の指導者は日本を冷徹な目で眺め、米国の利益を最優先し、それを守ろうとしてきた。たとえば、ケネス・ロイヤル陸軍長官は、「日本国民の幸せ——あるいは国家としての力——が二の次に扱われたことは確かである。もっとも重要視されたのは、まずわれわれ自身を日本から守ることであり、次に戦勝国への賠償が問題にされた。そして日本国民の真の幸せへの配慮はその後であった」と語った。[33] さらに、エリフ・ルート二世は、「われわれは、日本が民主国家か否かについて、それほど気にする必要はない。というのは民主主義とは、所詮、目的を達成するための手段に過ぎないからである。われわれの関心は、米国の安全と繁栄にある」[34]と述べ、日本に対する米国の本音を吐露した。

在日米軍基地に期待される四つの政治的役割

米国の安全保障の他に、在日米軍基地および米国の軍事的プレゼンスには、次の四つの政治的役割を果たすことが期待されていた。

その政治的役割の一つは、日本の安全保障にあった。つまり、日本が外国から攻撃された場合、米国が日本を守ることを約束しているということを、目に見える形で日本国民に示すことにある。前述した「外交問題評議会」の会合において、米国陸軍士官学校のA・A・ジョーダン中佐は、米国が日本に空軍基地を保持し続ける主たる理由に、「日本を守る」ことを挙げた。しかし彼は、その動機は「政治的なものであって、軍事的なものではない[35]」と説明した。ジョーダン中佐の意味するところを言い換えれば、米国の軍事的プレゼンスの目的は、米国の「核の傘」に対する日本国民の信頼性を得ることで、日本の国民を安心させることである。米国の「核の傘」に対する日本の依存性を維持する限り、米国は、国際政治・経済の分野において日本から米国への様々な形の協力が期待できるということである。

図21　毛沢東と握手するニクソン大統領（1972年）

米国の軍事的プレゼンスに期待されている二つ目の政治的役割は、すでに指摘したように、日本の軍国主義の復活を防ぐ、いわゆる「瓶のふた」としての役割、つまり日本の軍事的自由行動を抑制することである[36]。この点について、米国と中国の指導者の間で交わされた次のような興味深い対話がある。

一九七二年二月にニクソン大統領が中国を訪問した（図21）。毛沢東と周恩来が大統領に日米安保条約に異議を唱えた際に、ニクソンは、「米国との同盟関係を解消して独自路線を突っ走る日本よりも、米国が拒否権を握っている日米関係の方が危険は少ないのではないかね」と逆襲した。そして周恩来が、「米国は、『荒馬のような日本（The "wild horse of Japan"）』を制御するのか」と尋ねると、それに対してニクソンは、「『荒馬のような日本』は、日米安保条約と在日米軍基地がなければ制御することができない」と答えた。

続けて、その場に同席していた安全保障問題担当大統領補佐官ヘンリー・A・キッシンジャーは、「これまで通り在日米軍基地と米国の軍事的プレゼンスが維持されてはじめて、日本が核兵器を開発したり、朝鮮または台湾、あるいは中国へ触手を伸ばしたりするのを阻止することができるのである」[37]と語った。そしてニクソンいわく、「日米安保条約なしでは、米国は日本に対して何ら影響力を持つことができない。日本およびアジアにおける米国の軍事的プレゼンスなしでは、日本やソ連の行動に対するわれわれの抗議は、どれほど声高に叫ぼうとも、空砲を放つようなものである」[38]と。要するに、日米安保条約の目的の一つが、「日本が軍国主義国に回帰することを阻止する」[39]ことにあることが、米中両国政府の指導者の対話によって確認される。

米国の軍事的プレゼンスに期待されている三つ目の政治的役割は、日本の軍備拡張と軍事的単独行動に一定の枠をはめることにより、日本の軍国主義の復活を恐れるフィリピン、オーストラリア、ニュージーランドなどアジア・太平洋諸国の不安と、根深い対日不信を和らげるという点にある。

加えて、四つ目の政治的役割は、米国が条約を締結している韓国、台湾、フィリピンなど東アジア諸国に対して、在日米軍基地および米軍のプレゼンスが条約締結国の「安全」を保障する上で極めて重要な手助けになること、つまり、東アジア地域の平和と安定に果たす米軍のプレゼンスの役割であった[40]。

以上、米国は四つの必要性を満たすことにより、東アジア地域の平和と秩序を維持し、それによって米国は、政治的に安定し、自由で開かれた東アジア地域(「フロンティア」)へ経済的に進出することができるというのである。また、そうすることによってはじめて、米国による世界資本主義経済の円滑な運営も可能になるというのである。

巧妙な米国政府の外交戦術

米国政府は、日本に米軍基地を半永久的に保持するという目的を果たすために、「基地問題」を講和条約から切り離し、それを日米安保条約に盛り込むという戦術を採用した。それには次の二つの配慮が働いていた。一つは、「太平洋問題調査会(IPR)」のウィリアム・ホランドの意見に代表される政治的配慮であった。それは、米国として米軍基地の保持はどうしても譲れない問題であったので、米国が米軍基地の条項を講和条約に盛り込むことを主張すれば、それが「日本に講和条約を押し付ける」ことになり、講和条約の基調である「説得による和解」の精神に反することになるという立場であった[41]。もう一つは、ジョージ・フランクリンの意見に代表される政治的配慮であった。それは、「もし米国によって米軍基地が日本に押し付けられたという印象を日本国民が抱いたならば、それは恨みの種となり、友好的感情に基づく米国の対日政策全般にとって危険を伴うものである」という立場であった。そこでフランクリンは、ダレスに対して、「日本は賭けてみるに値する国であるので、米国は徹底的に賭けをしてみるべきだ」と忠告した。(42) 要するに、講和条約と日米安保条約が切り離されたのは、在日米軍基地の条項が講和条約に挿入されれば、その条項が後日、日本の反米勢力によって日本の国家主権の侵害と捉えられ、日米関係が緊張することを米国政府が懸念したからである。

在日米軍基地の問題の他に、条約締結後の日米関係には講和条約だけでは解決できない難題が山積していた。それは、経済問題、すなわち、日本が経済的に独り立ちするための諸策のことである。その一つは、日本国民が生き延びていくには、日本経済は、構造的に転換する必要があった。つまり日本は、戦前の消費財生産国、それに消費財輸出国から戦後は資本財生産国（特に軽生産財の生産）、それに資本財輸出国に転換する必要があった。そのためには、米国から提供される資本と技術援助が必要不可欠であった。二つは、日本が共産中国との貿易に依存することがないよう、米国はじめ西側諸国は市場を開放すること。(43) 三つは、米国は東南アジア市場の開発を進め、日本が資本財を東南アジア諸国に輸出できるようにすること、すなわち、米国・日本・東南アジアの三つの地域を統合する三日月形の経済圏を樹立する必要があったことである。

そのためには、米国およびヨーロッパ諸国は自国の経済的ナショナリズムを抑える一方、日本の経済復興ならびに米国・日本・東南アジアの地域統合プロジェクトには、米国からの巨額の資本ならびに米国の持続的な政治的係わりが不可欠であった(44)。この文脈において、外交問題評議会のパーシィ・ビッドウェルは、米国は対日講和条約の交渉後、「日本経済が独り立ちできるように、日本を手助けする積極的な措置を講じることに着手すべきである」と主張した(45)。

しかしながら、たとえそのような措置が取られ、経済の問題が解決できたとしても、米国の東アジア戦略、すなわち日米安保条約と日米行政協定には、条約締結後の日米二国間の緊張を高め、日米関係を不安定にする危険性があった。なかでも在日米軍基地の問題と米軍維持費の負担の問題、つまり米兵がアメリカ本土並みの快適な生活と消費生活を楽しめるだけの米軍維持費の負担の問題(第一章の「思いやり予算」に関する節を参照)、それに日本に再軍備および自衛力の強化を求める米国からの圧力などは、日本国民に不満と反米感情を抱かせ、それが社会的軋轢の原因となり政治問題化する可能性が大きかった(46)。

加えて、日本国民の多くは、自分たちが米国の「人質」となり、自らが望まない戦争に巻き込まれるのではないかと恐れていた(47)。したがって、前述したように、講和条約に盛られた「うまみ」は、このような事情を鑑みて、主としてイデオロギー上の配慮、あるいは文化的な配慮から付加されたものであった(48)。駐日アメリカ大使館の元参事官で眼識力の鋭いユージーン・ドゥーマンは、「軍事および通商上の問題しか考慮に入れていないような条約は十分でない」と考えていた(49)。また、ダレスやプリンストン大学の国際政治学者であるフレデリック・ダン教授らは、日本を自由主義陣営に留まらせるには、「通常の二国間関係に求められる以上の継続的な努力が必要である」ことに気付いていた(50)。これらの日米関係の不安定要素を払拭して、日米二国間の友好関係を維持するには、米国政府と民間人が一丸となった「根気のいる努力」が必要であるということであった。ダレスやダンが口にする、根気のいる不断の努力とは、政府の文化政策ならびに民間人による文化交流事業のことで、それは、言うまでもなく米国のソフト・パワーに他ならなかった。

ソフト・パワーの出番と期待される役割

日米二国間の力の非対称性、特に、在日米軍基地の存在と米軍のプレゼンス、それに対米貿易に伴う緊張と摩擦などから、対米不満や反米感情が日本国民の間に不可避的に醸成される。そのような中で、米国のソフト・パワーには二つの役割が期待されている。一つは、日本国民の心の底に沈殿した対米不満や反米感情の炎が燃え上がるのを抑える火消し役であり、もう一つは、米国に対する好感や愛着が育つ種を国民の心の中にまき、親米感情を育てるという積極的な役割である。

米国の指導者の間には、文化政策の究極的な目標は、「人に影響を及ぼしその人の政治的行動を変える(51)」ことにあること、そして文化交流は、「目的を達成するための手段であり、それ自体が目的ではない(52)」という共通の理解がある。在日米国大使館の広報・文化交流担当官サクストン・ブラッドフォードは、「今、対日講和条約の権力的な側面と日米安保条約の重要性が強調されていることに鑑みれば、これからの米国大使館の活動が、（日米関係）全体のバランスを維持するものとして一層重要になってくる」と述べ、文化政策の役割をはっきりと理解していた[53]。

日米関係における「文化」要素の位置について、米国の教育家で在日アジア財団代表のロバート・S・シュワンテスは、「われわれは、米国と日本との文化関係を外交政策の一般目標から切り離すことができない[54]」と述べて、文化関係を政治や経済の問題と切り離して考えることは「生産的でない[55]」と言い切った。もちろんソフト・パワーだけでは、世界の平和や安定した二国間関係を築くことはできない。しかし、ソフト・パワーがなくては、世界平和や、長続きする安定した二国間関係を築くことは難しい。同じ主旨のことを国務省国際人物交流部門長フランシス・コリガンは、「文化関係だけでは平和を構築することはできないかもしれないが、しかし文化関係なしに平和を構想することはできない」と語った[56]。

また、ジョン・D・ロックフェラー三世は、「文化交流だけでは平和的で安定した日米関係をもたらすことはできない。経済と政治の領域での政策と行動が同じ位重要である。これら三つの要素（軍事、経済、文化）の総和が、長期に亘る日米関係を規定する[57]」と述べ、ソフト・パワーの重要性を強調した。したがって、文化交流事業を実施する背景には、「相手国の文化について表面的な理解以上のものがない限り」、二国間の「経済的、政治的、軍事的な協力関係は、危機が訪れた際には重圧に耐えることができずに崩れ去ってしまうかもしれない[58]」といった共通認識があった。

冷戦が世界の各地で激化していた当時、米国政府は、ソフト・パワーを反共産主義宣伝の重要な道具と捉えていた。朝鮮戦争が勃発するおよそ二カ月前の一九五〇年四月に（国家安全保障会議第六八文書が決議された同じ月）、トルーマン大統領は、米国政府が「真実のキャンペーン」を実施すること、そのために数百億ドルを計上する旨を発表した。朝鮮戦争が勃発した後、「真実のキャンペーン」は、米国議会による大幅な予算の増額により支えられた。一九五一年に米国議会は、国際情報活動に使用目的が指定されていた予算額を、それまでの三二七〇万ドルから一億二一二〇万ドル（一ドル三六〇円で換算すると、四三六億三二〇〇万円）へとほぼ四倍に増額した[59]。つまり一九五一年度の通常予算額三二七〇万ドルに加えて、第一回目の補正予算額として七九〇〇万ドルが「真実のキャンペーン」に充当された。そして一九五一年度の第三回目の補正予算額として、さらに九五〇万ドルが上乗せされた[60]。それによりトルーマン政権は、ラジオ放送活動、印刷出版活動、映画鑑賞活動、人物交流活動、それにその他の多種多様の文化活動の諸経費に対する大幅な増額を含め、八八五〇万ドルを余分に受け取ることになった[61]。

「真実のキャンペーン」は、一九四八年一〇月に国家安全保障会議において決議された「国家安全保障会議一三の二文書」に沿ったもので、その目的は、世界各地で展開されている共産主義の宣伝活動に対抗すること（共産主義勢力が流す「誤った」米国のイメージを正すこと）、それに米国の生活ならびに米国政府の目的と政策に関する公平な情報を海外の人々に提供すること（米国の良いイメージを伝えること）にあった[62]。そして、日本においては、主として在日米国大使館内の米国広報・文化交流庁（一九五三年以降、USIA, United States Information Agency）が、映画、テレビ番組、米国政府刊行物、パンフレット、雑誌などを知的指導者などに提供することによりその役割を果たした[63]。

米国政府は、「真実のキャンペーン」の後も研究調査のための助成金や奨学金といった形で日本のエリート知識人を支援し、米国のソフト・パワーを有効に行使した。たとえば、一九六一年には米国政府は、二〇〇〇万ドルを、政治理論、法律、社会科学、コミュニケーション・メディア、教育、それに労働の各領域に重点を置いた政府の教育文化交流プログラムを実施するために費やした。同時に、在日米国大使館の広報・文化交流担当官は、民間団体からの積極的な寄附を促す一方、政府の政策指針に沿う形で、日本におけるアメリカ文化の広報・宣伝活動に米国からの財政支援として毎年約一〇〇万ドルを支給することにした[64]。そうすることにより在日米国大使館は、日本における米国の文化活動範囲を拡大することができた。米国大使館広報・文化交流局のウォーレン・オブラックは、一九五〇年代の初頭以来、「日本のアメリカ研究の発展にかなり重要な貢献をすることになった」と語り、同部局が日本におけるアメリカ研究の後援者の役割を果たしてきたことを率直に認めた[65]。

米国政府は、「アジアの現状」を調査するために民間の調査機関であるコンロン・アソシエーツ社に調査を委託したが、その調査報告書が一九五九年に米国議会上院外交委員会に提出された。「コンロン報告書」は、日米関係に言及して、「最も基本的な意味でいえば、日本はいやいやながら同盟という観念を受け入れている。本来、同盟という観念は、日本の伝統にはなく、また日米同盟はまだ十分に根付いていない」[66]と指摘したうえで、「真実のキャンペーン」の努力にもかかわらず、「日米同盟は相対的に依然として底が浅い状態にある。危機的な状況において同盟関係を支えるのに必要なある種の知的、政治的、文化的な根は、まだ根付いていない」[67]と報告した。

「コンロン報告書」ならびに民間の知識人による「日米文化・教育交流の一〇年間　一九五二年～一九六一年」（別名「中屋―シュワンテス報告」）などの報告を受けた日米両政府は、一九六一年六月の池田勇人首相とケネディ大統領の会談の後、一九六二年に日米文化教育交流会議（通称、カルコン）を立ち上げ、フルブライト教育交流計画を中心に人物交流や文化交流事業に本格的に精力と資金を投入することになる。

米国の日本に対するセキュリティ・ジレンマ

首都ワシントン周辺の頭脳集団（シンクタンク）ならびに政治評論家や日本専門家の間では、自己の主張が政府の公式な政策として採用されるのを期待して互いに論争し合うことが多い。彼らの間には大きく分けて、日本の軍備増強・自衛力の強化に関して二つの異なった立場が存在する。一つは、日本が米国の世界戦略の目的を正しく理解し、米国に協力するという期待の下に、日本を後押しして日本の自衛力の強化を歓迎する立場である。もう一つは、一九三〇年代および一九四〇年代の歴史的経験から、日本独自による自衛力強化の動きを抑えるために、日本の軍備増強に一定の枠をはめようとする立場である。言い換えれば、日本の核武装につながるような日本独自の軍備増強を手放しにすることはできないので、日本の防衛力強化の動きを何らかの方法で管理すべきだという立場である。

まず、日本の軍備増強を後押しして、日本の自衛力強化を歓迎するという立場から検討したい。一九四九年終わりから一九五〇年初めにかけて、米国政府の日本に対する姿勢が一変したことはすでに述べた。世界各地における冷戦の激化と朝鮮戦争を戦った実体験から、米国政府は、「ソ連に対抗するために軍事的前進基地として日本を必要とし、米国は無期限に日本に軍事力を配置しておかねばならない。日本を非武装のままにしておくことはできない(68)」と考えるようになった。

日本の再軍備に対する米国政府の態度の変化を最も劇的に示したものとして、当時、米国政府の重責にあったニクソン副大統領の発言を紹介したい。一九五三年一一月、ニクソンは日本を訪問していた。彼は、一一月一九日の日米協会での演説のなかで日本の非武装の問題に言及し、「振り返って考えれば(恐らく米国が主張したためと推量されるが)、日本が戦争に関する厳密な憲法条項(日本国憲法第九条）を採用したのは、誤りであった[69]」と述べ、米国の政策判断の誤りを間接的に認めた。そして米国は、朝鮮戦争を戦って以来、再軍備を求める圧力を日本政府にしきりに加えるようになった。日本政府は、米国政府の圧力をかわそうとあの手この手を使ったが、それが難しいと分かるや、ゆっくりと重い腰を上げ、自衛力を保持する方向へと徐々に進んで行った。

日本経済が復興し始めた一九五〇年代終わりから一九六〇年代にかけて、米国政府からの日本に対する再軍備、あるいは自衛力強化の圧力はますます強くなっていった。その直接の原因は、重い税負担に不満を抱く多くの米国民が、一向に減る兆しのない米国の軍事支出について政府に説明を求めるようになり、米国議会において軍事費負担軽減の要求が高まったことにあった。また、米国はそれまでのように気前よく国際公共財を提供し、ヘゲモニー国家の責任を単独で担えるほどの資力に事欠くようになりつつあった。

前述したように、一九六〇年代米国は、国内と国外の両方において難題を抱え、苦しんでいた。国内の難題とは、(一)公民権運動の高まりと人種暴動の激化、(二)ヴェトナム反戦・平和運動の高まり、(三)米国の物質主義的な生活様式全般に対する若者の「異議申し立て」（対抗文化＝カウンター・カルチャー）運動、それに(四)物価高、などで米国社会が二分化し、治安が急に悪くなったことを指している。一方、国外の難題とは、(一)一向に出口が見えないヴェトナム戦争、(二)戦争で犠牲者となった米国兵の激増、(三)ヴェトナム反戦・平和運動に象徴される世界各地での反米運動の高まり、それに反比例して（四）米国の信用とリーダーシップの低下、それに（五）貿易赤字の悪化と国際基軸通貨としての「ドル」の信用の低下を指している。

このような国内の社会状況を反映する形で、ケネディ政権のディーン・ラスク国務長官は、「米国としては、予備兵が十分いる国々に米国人兵士を送るべきでないと考えている。カンザス州の農場やピッツバーグの工場から少年を徴兵し、彼らをライフル兵として九五〇〇万人の人口を擁する日本へ派遣などできない[70]」と語り、米国の苦しい立場を表わすとともに、自衛力強化に対する日本の更なる努力に期待した。

そこで、米国政府の指導者は、次の方法を用いて日本の防衛予算の増額を実現しようとした。その方法とは、日米二国間の軍事援助に関する取り決め、すなわち「軍事援助計画の経費分担」メカニズムのことであった。その取り決めによれば、一九六三年から一九六七年までの軍事援助五カ年計画の総額は、二億五八四〇万ドルで、その五年間に米国から日本に支給される軍事援助額は、一億五五〇〇億ドルであった[71]。ただし、日本が一億五五〇〇億ドルを米国から軍事援助として受け取るには、日本は、総額二億五八四〇万ドルの四〇パーセントに当たる一億三四〇万ドルを米国からの武器購入のために拠出する必要があった。米国政府は、このようにして日本政府に防衛予算の増額を促す一方、「軍事援助計画の経費分担」という「アメ」を使って、日本の防衛予算と防衛力の増強を方向づける発言権を手にしたのである[72]。

しかしながら、「軍事援助計画の経費分担」メカニズムによって、日本の防衛予算は、米国政府が当初期待していたほど増額もされず、また日本の防衛力も強化されていないことが分かった。それが明らかになるや、米国政府は、貿易黒字国である日本やドイツなどの同盟国に直接、防衛費の分担を強く求めるようになった。特に日本に対して米国は、東アジア地域の秩序を維持するための「責任分担（バーデン・シェアリング）」論や、さらには乱暴な「日本ただ乗り」論を展開して、強い圧力を加えた。米財務省次官補ジョン・C・コールマンと財務長官特別補佐官アンソニー・J・ジューリックは、「日本は経済大国として必要な地域的および国際的責任を十分に果たしていない。……米国民は、今の日本の『ただ乗り（a free ride）』をこれ以上我慢が出来ない」と叫び[73]、米国民の苛立ちを露わにした（図22、図23）。

そのような中で、米国政府は、日本の厳しい現実、すなわち（一）原材料、食糧、原油などが世界を自由に流通しないと日本は生きられないこと、（二）特に日本の輸入原油の約七八パーセントが、中東地域からの原油に依存していること[74]、（三）日本の軍事費（一一三億ドル）が米国の国防費（一三五五億ドル）の一二分の一（一九八〇年のドル換算）に過ぎないことを指摘し[75]、「日本が高性能の米国製武器をもっと購入し、東アジア地域における防衛費の負担をもっと担うべきである[76]」と伝えてきた。米国のある経済学者は、「日本が米国からF15戦闘機を二〇〇機購入し、それらの戦闘機が日本の基地を拠点に発着することは、日本周辺を巡航する米国籍の航空母艦二隻と同

国名	軍事費	国内総生産	国内総生産に占める軍事費の割合
ベルギー	37（億ドル）	1120	3.3（%）
カナダ	49	2590	1.9
デンマーク	13	510	2.5
フランス	230	5740	4.0
ドイツ	262	7950	3.3
ギリシア	16	300	5.4
イタリア	84	3210	2.6
オランダ	53	1640	3.2
ノルウェー	13	410	3.2
トルコ	33	610	5.4
英国	196	4160	4.7
米国	**1355**	**25870**	**5.2**
日本	**123**	**12270**	**1.0**
オーストラリア	45	1500	3.0
韓国	51	850	6.0

図22　同盟国の軍事負担の程度（1980年）

（出典）Robert W. Komer to Harold Brown, "Memorandum for Secretary of Defense," Attachment From Dr. David L. Blond, economist, to Dr. Lewis, "U.S.-Japan Defense Relations," June 5, 1979, Record Number 87111, National Security Archive.

	1975	1976	1977	1978	1979	1980
米国	166（億ドル）	185	209	225	243	261
日本	67	71	82	111	117	123
オーストラリア	45	45	41	43	44	45
韓国	25	34	42	44	47	51
計	303	335	374	423	451	480

図23　太平洋地域における国別の軍事費（1980年のドル価）

（出典）Robert W. Komer to Harold Brown, "Memorandum for Secretary of Defense," Attachment From Dr. David L. Blond, economist, to Dr. Lewis, "U.S.-Japan Defense Relations," June 5, 1979, Record Number 87111, National Security Archive.

じ程度の安全性をもたらす[77]」ことになると力説した。さらに続けて同経済学者は、「もし日本の世論が、米国製武器の購入による軍備増強に異議を唱えるのであれば、その代案として、日本は、毎年米国から受けている『保護』に対するサービス料を米国に納めることを真剣に考えるべきである。……仮りに日本に八〇億ドルを請求すれば、少なくとも一〇億ドルが米国に入ってくるかもしれない[78]」と付け加えた。

これら一連の米国政府高官の発言の狙いは、一つには、後に日本政府によって導入されることになるF15戦闘機[79]やP3C対潜哨戒機[80]など、高性能の米国製武器の導入によって日本の「質的な」自衛力の強化を図ることであり、もう一つには、米国製武器を日本へ輸出することにより、対日貿易赤字を少しでも補てんしたいということであった。また、米国政府の高官は、必ずしも本意ではないにもかかわらず、日本から米軍の撤退の可能性を時おりほのめかし、「日本は予告なしに米国に見捨てられるかもしれない」といった国民の不安をあおって、米国からの武器の購入を迫るのであった。しかしながら、このようなあからさまな圧力と脅しのテクニックは、日米関係に悪影響を及ぼしかねず、かえって逆効果を招きかねなかった。

米国が日本にそのような外交姿勢をとるに至った背景には、次の三つの事情があった。一つは、軍備増強の道を牛歩のようにしか歩もうとしない日本に対して苛立ちと不満を抱いていたこと、二つ目の事情は、戦後、米国はジュニア・パートナーとして日本を手塩にかけて育ててきたが、その日本の経済が、今にも米国を抜かんばかりの勢いで成長を続けていることへの、米国民の警戒心と嫉妬と焦りがあったこと、三つ目の事情は、日本の高度な技術と対米貿易黒字の資金を米国の世界政策に役立てたいという米国政府の思惑と、そのような日本を管理したいという欲望などが働いていたことが考えられる。いずれにせよ、米国が日本の再軍備を後押しし、防衛力の強化を歓迎するのは、日本を米国の世界戦略の枠組みの中に徐々に深く組み入れ、外交や資金面、それに他の分野において、日本が米国に積極的に協力することを期待したからである。

それに対して、もう一つの立場、すなわち日本独自による自衛力強化の動きを抑え、日本の軍備増強に一定の枠をはめようとする立場を支持するものとして、次のような要素を挙げることができよう。前述したように、多くの米国民は、一九四一年一二月の真珠湾奇襲攻撃の経験、あるいはその「歴史の記憶」を通して「パール・ハーバー」症候群を患っており、日本が恐るべき敵であったことを今も忘れられないでいる。日本独自による自衛力強化の動きを抑える米国民の衝動の表れとして、(一) 第二次世界大戦後の東アジア地域の平和と秩序を維持するために構想された、米国、英国、ソ連、中国の四大国から成るフランクリン・D・ローズヴェルト大統領の「四人の警察官」構想、(二) 対日占領期には、実際には声に出して表現しなかったにせよ、「真珠湾を忘れるな!」の掛け声の下に、日本社会の徹底的な非軍事化および民主化をめざした占領諸改革、それに (三) 連合国軍最高司令官ダグラス・マッカーサーらの抱いた、日本を「東洋のスイス」にしたいという思いなどが挙げられるが、これらすべては、米国民の「パール・ハーバー」症候群にその根があった。

日本の非武装中立化の構想は、国際的に当然なこととして認められている主権国家の自衛権、すなわち日本の再軍備の可能性そのものを否定するもので、それは日本を永久に非武装化し、「二度と戦争をさせないようにする」[81]という米国民の強い意思を表したものである。加えて、戦後日本の非武装中立化の構想は、それによって米国が日本を軍事基地として使用できなくなること[82]、つまり、米国自らが、戦勝国としての戦利品を受け取るのを拒否するという自己否定の姿勢を表すものでもあった。

私たちは、そこに米国民の日本に対する心理を垣間見ることができよう。それは、米国民の日本国民に対して抱く根深い不信感である。それらは、一九三〇年代の日本の軍国主義、それに一九四一年の真珠湾奇襲攻撃などの歴史的出来事から連想される、「残虐で」、「予測のできない」、「不可解極まりない」国民、というイメージと、民主主義国としての日本の未熟さと関連付けて臆断されている日本のイメージ、すなわち責任遂行能力に欠けた国家という日本の否定的なイメージに基づいている。

日本の民主主義については、コロンビア大学東アジア研究所長ヒュー・ボートンらの日本専門家によれば、日本は民主主義の伝統と経験に欠けているために、国民は、占領諸改革の民主主義思想を正しく理解することができない、そのために、日本の民主主義は社会に深く根付くことなく、皮相的で形だけに終わっているという。[83]日本の民主主義が未熟な状態にあるために、日本が国際社会で一人前の独立国家として十分に責任を果たすことができるかどうかが疑問視されたのである。駐日アメリカ大使館の元参事官ユージーン・ドゥーマンは、「日本の再軍備は、日本の政治が真に立憲主義的で民主的なものに発展するその度合いに応じて行われるべきである[84]」と発言し、日本に対する不信感を表した。

さらに、ドゥーマンやボートンら米国の指導者は、日本国民が文民統制の習慣に不慣れなだけでなく、文民統制の原則が国民の血肉になっていないので、軍部を民主的に管理できない国民に軍事力を持たせることは極めて危険であると考えていた。実際に、当時日本の多くの知識人、特に、進歩的知識人も、いったん軍部の規模が大きくなると過去の日本のように手に負えなくなるだけでなく、日本の再軍備は軍国主義の復活につながる危険性があるという理由から、日本の再軍備および自衛力強化に反対していた。米国の指導者はこの事実を捉えて、自分たちの見解の正しさを論証する証拠とした。

米国の経済学者ジョン・K・ガルブレイスは、「日本の人々は心底戦争が嫌いになり、国家を信用しなくなった[85]」と、戦争体験から心に刷り込まれた日本国民の厭戦感情について語った。このような対日認識から米国の指導者は、ちょうど「寝た子を起こさない」ように、日本国民の反戦・厭戦感情を慎重に扱うのである。たとえば、ある米国の指導者は、「日本国民が、軍事力行使を伴う国外の役割を受け入れないのは、一旦、軍事力に手を染めれば、いつかは手がつけられなくなってしまうかもしれないという、彼らの心の奥底にある恐怖心がその理由である、と考えられている。……われわれは、（軍事力に対する）この禁欲的な抑制を取り去ることになりかねない行動を日本国民に進めるべきではないかもしれない[86]」と語り、日本の防衛力強化の問題について揺れる心の内を表現した。

このように首都ワシントンには、日本の軍備増強・防衛力強化に関して二つの立場がちょうど並行線のように併存していた。ワシントン周辺では論客たちが自説を政府に採用してもらおうと、しのぎを削って互いに論争し合っている。ある米国の指導者は、「一方で、寛大な（善意に基づいた黙認 benign neglect の）政策を遂行し、他方で、（圧力などを加えて）日本の国内政治を誘導し、制御する政策を遂行する――そのような政策は必ず失敗するし、日本国民の反発を招くことになる」と述べ、米国政府のジレンマの深刻さについて語った。米国の対日認識に由来するこのジレンマは、ホワイトハウスを支配する政権政党の違いにかかわらず基本的には現在も大きな変化は見られないように思われる。

「日本の安全保障」をめぐる米国の二つの立場

この他に米国には、「日本の安全保障」の問題をめぐって二つの異なった立場が存在する。一つは、米国が、ヘゲモニー国家の責任として、あるいはその必要経費として、日本に「核の傘」および軍事的プレゼンスを提供し、日本の安全を保障するという立場である。もう一つは、米国は、あらゆる意味において日本を主権国家として尊重し、NATO（北大西洋条約機構）諸国やANZUS諸国（オーストラリアおよびニュージーランド）と同じように日本を平等に扱うという立場である。この立場は、日本が「米国の同盟国として責任を果たす」という前提、つまりそのような日本への期待の上に立っている。

前者は、米国がこれまで日本に対して採用して来た政策である。その主な目的は、日本が米国の脅威、さらには世界の脅威にならないように日本の核武装への道を塞ぐとともに、日本を非核の方向に誘導し、管理することにある。具体的には、日本国民に特有の核兵器に対する「特異な」アレルギー体質に注目し、核エネルギーの分野において、国民の核に関する高度な技術と知識と関心を、宇宙開発事業や原子力商船隊の建設、それに他の原子力平和利用事業などの開発に向けることである(87)。

しかしながら、後者の立場をとる論客は、前者の考えは間違っていると主張する。彼らによれば、米国が日本の安全を保障することが、日本をいつまでも米国に寄りかかって甘えさせ、その結果、

図24　東京でのダグラス・マッカーサー元帥とジョン・フォスター・ダレス

（出典）Lloyd Gardner, *Imperial America*（New York: Harcourt Brace Jovanovich, 1976）, p. 198.

日本が主権国としての責任と義務を自覚するのを阻害してきたという。つまり、米国が日本の安全保障の基本的な必要性を満たしている限り、日本は、安全保障の問題を他人事のように、何もしなくても「米国がしてくれる事柄」と思い込み、これまで防衛力を強化する努力を怠ってきたのであるという。したがって、日本を主権国にふさわしい責任感の強い国にするには、米国には未来永劫、西太平洋地域で不釣り合いな防衛負担を負う気持ちはないことを日本に率直に伝え、安全保障に対する日本国民の自覚を促すべきであると主張する(88)。言い換えれば、米国は、マッカーサー元帥のように、日本国民を「十二歳の少年」のような目で眺め、いつまでも日本を子供扱いし、甘やかさないこと、米国は日本の保護者のごとく振る舞うのをやめるべきだ、と後者は主張するのであった(89)（図24）。

後者の立場をとる論客は、米国が日本と緊密な協力関係を維持し、日米両国が防衛政策においてより一層緊密な連携プレーができるよう日米同盟関係を進化させるには、米国の防衛関連技術（精密電子機器、通信機器、コンピューターなど）の移転問題に関して、日本をＮＡＴＯ諸国やオーストラリアやニュージーランドと同じように扱うべきだと主張する。[90] 彼らによれば、日本をそのように平等に扱う見返りとして、日本は、安全保障問題も含め真の主権国家としての義務と責任を果たすことが当然のこととして期待されているという。そのような対等な日米関係において、米国は、ある時は国際社会で日本と協力し合い、またある時は競争し合うべきだという。

米国が日本に期待することは、日本が米国からもっと多くの武器を購入すること、それに米国から防衛関連技術が日本へ移転することにより日本の防衛予算が増え、その結果、日本が安全保障の分野で更なる負担を担うことであった。後者の立場によれば、米国の究極的な目標、すなわち軍事面で更なる日本の協力を取り付けるのに、その方法が確実で最短の道であるという。[91]

しかし、後者の立場に問題がないわけではない。問題の一つは、防衛政策面での日米協力関係の進化というプラス面と、防衛関連技術の移転に伴う日米間の経済競争の激化というマイナス面の間のジレンマであった。プラス面としては、日本が米国と最新の防衛関連技術を共有することは、軍事作戦を効率よく、また効果的に展開する上で、米国にとって戦略および戦術的に有益であり、またそれが良い刺激として作用し、その結果、日本の防衛費の増額も期待できると考えられた。

しかしながら、それにはマイナス面もあった。米国から移転される防衛関連技術のなかには、軍民両用として軍から民間へ転換されうるものもあり、防衛関連技術の移転により日本の産業技術水準が向上し、日本の国際競争力がさらに強化されることが懸念された。また、米国からの防衛関連技術の機密情報が、「秘密が漏れやすい（leaky）」国と見られている日本を経由して第三国に流出しないとも言えなかった。

防衛関連技術の移転問題のジレンマとは、もしもそのような政治的および経済的配慮から、日本をＮＡＴＯ諸国やオーストラリアやニュージーランドと区別して扱うならば、不平等な差別扱いにきわめて神経質な日本国民を苛立たせ、それが日米関係に負の影響を及ぼしかねないという点にあった(92)。

後者の立場のもう一つの問題は、後者のいう自立的な日本とは、米国が意識してこれまで阻止してきた核武装への道を日本が歩むことを、暗黙のうちに容認することを意味するという点にあった(93)。この問題に関連して、後者の立場の三つ目の問題は、米国が日本の国内政治および対外政策に対する発言権と影響力を弱め、それが米国の東アジア戦略にとって大きな支障となることが懸念される点にある。言い換えれば、後者のカードは、米国の「核の傘」に対する日本の依存度が低下すること、つまりこれまでテコとして使ってきた「日本の進む方向」に対する米国の発言権や影響力を失ってしまわないにせよ、大きく弱め、それによって戦略的に重要な東アジア地域から米国が大幅に撤退することになりかねないという点である(94)。

確かに、「日本の安全保障」に対するこれら二つの立場は異なっている。しかし、米国が日本に求めている事柄に関しては、両者の間にはあまり大差はない。というのは、どちらの立場も、日本を、米国の世界戦略の目的と意義を正しく理解し、同盟国として地球規模において積極的に米国に協力する国に育て上げるという点において共通しているからである。したがって、二つの立場の違いは戦術上の違い、つまり同一の目的を達成する際の手法にあるといえよう。

これまで、米国の現在の位置を構造的に分析することから始め、次に米国の世界戦略の歴史的分析へと移り、そして米国の対日政策と戦後の日米関係を分析した。次章では、米国民がどのような性格の持ち主であるかを明らかにするために、米国の対外政策から読み取れる米国民の性格について検討を加えたい。

第三章　米国を知る

米国民は、（キリスト教に基づいた）道徳の尺度で物事の善悪を判断する。これが米国民なのだ。それは、英国民は茶が好きで、われわれはコーヒーが好きなようなものだ。

ヒューバート・H・ハンフリー米副大統領、一九六五年

米国は、日本との同盟関係を極めて基本的なものと捉えている。博愛主義とか好感度に基づいてそう捉えているのではなく、米国の防衛、それに自由世界の防衛に関連して、それが不可欠であると考えているからである。

ディーン・ラスク国務長官、一九六三年

米国民の二つの顔

米国民は、二つの顔を持っている。一つは、欲得を離れ、理想を追い求める、寛大で、利他的な国民（disinterested, idealistic, generous, and altruistic）という顔であり、もう一つは、計算高く、仮借のない、恐ろしい国民（calculating, inexorable, and awesome）という別の顔である。これら二つ

の顔は、常に並列状態にあるのではなく、米国の利益が絡んだ問題を扱う場合や、国策として米国の国益を追求する際には、二つの顔は同時に姿を現し、互いに補完し合うことが多い。ヘンリー・A・キッシンジャー米大統領補佐官が中国を訪問し、一九七一年七月九日に周恩来首相と会談した際に、彼は米国の対外政策について次のように説明した。キッシンジャーいわく、米国は「米国民以外の人たちには理解し難い複雑な国です。なぜならば、米国が非常に実利的な国であるかと思えば、同時に非常に理想主義的な国であるからです[1]」と。それを別の言葉で表現すれば、米国の対外政策には、感傷に左右されない実利主義と、理想主義的な人道主義とが不思議なほど調和（a curious congruence）して認められるというのであった。

欲得を離れ、理想を追い求める、寛大で利他的な国民

米国民の、欲得を離れ、理想を追い求める、寛大な性格から検討を始めよう。本書の冒頭でケネディ大統領の就任演説を紹介した際に、大統領の宣言が、世界各地の貧しい人々に対する米国民の道義的責任感を表すものであると述べた。世界の貧しい人々に対する道義的責任感に加え、欲得を離れ、理想を追い求める米国民の性格は、新教の一派であるカルヴィニズムにその源を求めることができよう。

一六三〇年に、約一〇〇〇名のピューリタン（清教徒）を率いてイギリスを後にしたジョン・

ウィンスロップ総督は、新天地アメリカに向って航行中の「アーベラ号」に乗船したピューリタン（清教徒）の同僚を前に、「キリスト教徒の慈悲のひな型」の説教を行った。その中でウィンスロップは、北米ニューイングランドを「丘の上の町（City upon a Hill）」にたとえ、「われわれは丘の上の町となり、あらゆる人の目がわれわれに注がれると考えねばならぬ」[2]と説き、マサチューセッツ湾植民地において「聖書に基づく国家」（a Biblical Commonwealth）、すなわち「慈愛に基づく共同体」を設立する目的とその決意を強調した。ウィンスロップが北米ニューイングランドを「丘の上の町」にたとえたのは、彼の建設する共同体が、理想郷として世界のモデルになることを期待しただけでなく、イギリスに残してきたピューリタンの同僚、ならびに彼の目から見て堕落の極みにある英国国教会の信徒が、北米ニューイングランドの「丘の上の町」を見て改悛するのを期待したからであった。そのためにはニューイングランドの「理想郷」は、ウィンスロップの同僚が住むヨーロッパからよく見えるように、「丘の上」に位置している必要があった[3]。要するに、ウィンスロップが強調したかったのは、アメリカのユニークな歴史的使命とアメリカ例外主義の二点にあった。

二〇世紀においては、国際連盟の設立を唱えたことで有名な第二八代米国大統領ウッドロー・ウィルソンは、米国民を、欲得を離れ神に仕える国民と見なしていた。ウィルソンは、「米国の世界における使命は、富や権力の獲得にあるのではなく、無私の精神で人類に奉仕するという神の計画を実現することにある」と心から信じていた[4]。また、すでに引用したように、ジョージ・ケナン

ライフルおよび小火器	17,400,000 丁
航空機	297,000 機
戦車	86,338 台
上陸用舟艇	64,500 隻
武器貸与のための支出	約 500 億ドル
(60% がイギリスへ、22% がソ連へ)	

図 25　大戦中のアメリカの軍需生産および武器貸与のための支出

(出典) ブライアン・キャッチポール (島田真杉訳)『アトラス現代史 2 アメリカ合衆国』創元社 (1990 年) 77 頁より作製。

も、米国民を「寛大な心をもった国民(5)」と信じて疑わない指導者の一人であった。

米国民が無私で寛大であることを示す事例は、米国の歴史には枚挙にいとまがない。そのいくつかを挙げれば、一九二一年に中国を襲った大飢饉に対して、ウィルソン大統領任命の中国飢饉救済委員会が行った支援活動(6)、フランクリン・D・ローズヴェルト大統領の主導の下に、英国、ソ連、中国などへ武器を貸与し、連合国側の勝利に貢献した一九四一年の「武器貸与法(7)」(図25)、それに、第二次世界大戦後では、対日占領期間中に施された日本国民への多種多様の援助、ヨーロッパ諸国の復興をめざして、戦争による破壊と失業に苦しむヨーロッパの人々に支援の手を差し伸べた「マーシャル計画」などが挙げられよう。これらの事例ならびに他の多くの事例から、米国民が、欲得を離れ、理想を追い求める、寛大な国民であることが分かる。

実際に、自由や人権、それに民主主義を世界各地に広めることが米国の歴史的使命であると考えている大多数の米国民は、自分たちが良いことをしており、また、自分たちのしていることが他の国々に広範な便益をもたらしていると心の底から信じている。そのために彼らは、自分たちがすべての人々に喜ばれ、感謝されているとしばしば誤信する傾向がある。逆に、「外国の人たちが、アメリカ人を好きでないと知ると、米国民は大いに、失望する」[8]のである。

計算高く、仮借のない、恐ろしい国民

米国民の計算高く、仮借のない、恐ろしいもう一つの顔は、特に実業家や弁護士など専門的職業人や政治家によく見られる特徴となっている。米国民の計算高さを示す事例に、武器貸与協定がある。一般に、一九四一年九月の武器貸与法は、米国が英国にとった寛大な援助策と捉えられている。しかし、それは、一九世紀半ばから後期にかけて「パクス・ブリタニカ」期に手中に収めた英国の特権を、第二次世界大戦で困窮した英国の手から奪い取るための「テコ」であり、その格好の手段とみなされていた。[9]「民主主義を守るために軍国主義と戦う」という第二次世界大戦の大義名分の他に、武器貸与法の背景にはこのような米国の思惑と計算が潜んでいたのである。

さらに、前述の「マーシャル計画」においても、米国は二つの顔を覗かせていた。一般に同計画は、米国民の寛大さと無私の精神を象徴する人道主義的な援助とみなされている。しかし、実際にはその動機は、必ずしも利他的ではなかった。ソ連共産主義に対抗する目的に加え、「マーシャル計画」には、ドルをヨーロッパ諸国にばら撒くことにより、ヨーロッパ経済を復興させてヨーロッパ諸国に購買力を創出し、米国製品の販路を築こうという思惑が働いていた。[10]

加えて、一九六一年、ケネディ政権のディーン・ラスク国務長官は、日米関係に言及して、「米国は、日本との同盟関係を極めて基本的なものと捉えている。博愛主義とか好感度に基づいてそう捉えているのではなく、米国の防衛、それに自由世界の防衛に関連して、それが不可欠であると考えているからである[11]」と語り、米国の対日政策が、決して感傷に左右されない、計算された国益に基づくものであることを、当時の池田隼人首相に念を押した。

米国民の仮借のなさとその徹底ぶりは、米国が国際政治のバランサーとして行動するときに顕著に表れる。第二章でマッキンダー卿の「ハートランド」理論を説明した際に述べたように、米国の指導者は、国際社会の現状変更を企てる国家、つまり、突出した力を持って世界の力の均衡を崩そうとする野心的な国家が現れると、その国家を「邪悪な国家」と見なし、万難を排してその野心を挫くことを原理・原則としている。そして一旦、決定を下すや、米国は、その「邪悪な国家」が二度と国際秩序を破壊しないようにするために、政治、経済、軍事のいかなる手段もいとわずに、徹底的に所期の目的を貫徹しようとする。

ここで見逃してはならないことは、「危機」の中身、それに力のバランスが崩れた程度を判断する基準は、あくまでも米国にあり、「バランスを崩した」国家にはいかなる弁解も認められないという点である。その事例として、一八九八年に米西戦争に発展するキューバ危機、およびそれに対してスペイン政府がとるべき措置についての判断、一九三〇年代末から一九四〇年代初めのファシズムおよび日本の軍国主義に対する戦い、戦後の国際共産主義に対する戦い、それに現在進行中のテロに対する戦いがある。

米国民の仮借のなさと徹底ぶりは、第二次世界大戦末期にも見られた。米国の勝利に対する揺るがぬ決意と自信、非情とも思われる「原爆の投下」の決断と実行がその最たる例である。さらに、朝鮮戦争においては、中国への原爆投下が企てられたし、またヴェトナム戦争期にも、ペンタゴンの一部の間で北ヴェトナムへの原爆投下が真剣に考えられた。

米国民の仮借のなさとその徹底ぶりの源を、「欲得を離れ、理想を追い求める性格」と同じように、カルヴィニズムに求めることができよう。多くの米国民は、カルヴィンの教えとカルヴィニズムの伝統を受け継ぎ、それを人生の指針としている。彼らは、日常生活において直面する様々な問題の解決策を模索する際に、カルヴィニズムの道徳規範を物差しにして、物事の善悪を判断する傾向がある。たとえば、ヒューバート・H・ハンフリー副大統領は、「米国民は、（キリスト教に基づいた）道徳の尺度で物事の善悪を判断する。これが米国民なのだ。それは、英国民は茶が好きで、われわれはコーヒーが好きなようなものだ」[12]と歯に衣着せずに語った。

しかし、道徳主義があまりにも過ぎると、自分の価値観を絶対視する落とし穴に陥ることにもなる。ウィルソン大統領は、行き過ぎた道徳主義に伴う危うさについて自覚していたので、米国民に次のような警告を発した。ウィルソンいわく、「われわれは、正義という絶対的な物差しで判断しようとする。確かに、このような信念には危険が伴う。その最も代表的な事例に、自分が望んでいることは神が命令していることであり、自分に反対している者は、単に間違っているだけでなく、邪悪な心を抱く人間であると信じる傾向がある[13]」と[14]。

米国に敵対する国家を悪魔のように捉える事例は、米国の歴史には極めて多い[15]。その最近の事例として、ロナルド・レーガン大統領がソ連を「悪の帝国」と呼んだこと、それにジョージ・W・ブッシュ大統領が、イラン、イラク、北朝鮮を「悪の枢軸」と呼んだことなどが、すぐに脳裏に浮かんでこよう。その他には、同じくジョージ・W・ブッシュ政権のジョン・アッシュクロフト司法長官が、「計算高い、悪意に満ちた、破壊的な悪の勢力が、われわれの世界に姿を現した。文明社会は、彼らの邪悪な行いを黙って見過ごすわけにはいかない[16]」と語ったことや、「白対黒のマニ教的な二元的世界では、テロ戦争は道徳の戦争になっている[17]」と報道した『ワシントン・ポスト』紙の記事も、最近の事例の中に含まれよう。あるジャーナリストは、米国民のことを「敵を持つことを行動のばねとし、戦いに勝つことを本性にしている[18]」国民と特徴づけた。

国民性を映し出す対外行動

では、これら二つの顔は、どのように米国の態度や対外行動に表れているのだろうか。米国の国民性は、次の三つの対外行動様式となって表れているように思われる。一つは、米国の国内問題の責任を国外に転嫁する傾向であり、二つは、強い被害者意識に根差した恫喝外交、そして三つは、外交面での単独行動主義となってそれぞれ表れている。次に、これら三つの対外行動様式を順に検討していきたい。

国内問題の国外への責任転嫁

米国民に見られる国内問題の責任を国外に転嫁する傾向は、米国の門戸開放・膨張主義の伝統に深く根差しているように思われる。すなわちそれは、アメリカ外交史家ウィリアム・A・ウィリアムズの言葉を借りれば、米国民の「帝国としての生活様式[19]（Emprire as a way of life）」と密接に関連している。かつてトルーマン政権のディーン・アチソン国務長官は、海外膨張を、「米国の政治および経済制度をうまく機能させるに必要なもの[20]」と呼んだ。米国の海外膨張主義を、米国の自由主義的民主主義ならびに自由市場経済[21]を機能させ維持するための構造的必要性と言い換えてもよいかもしれない。繰り返して言えば、米国の膨張主義史観とは、拡大するフロンティアがアメリカ民主主義の命を支える血液のような役割を果たすとともに、米国の発展（完全雇用、高賃金、高度な購買力に裏打ちされた大衆消費生活など）を支えるカギとなっているという考え方である。つまり、人種および民族的に多様で分散的な傾向のある米国社会は、拡大し続けるフロンティアがある限り、一つにまとまって安定し、発展し続けることができるという世界観である。

第三代米国大統領トマス・ジェファソンは、米国民を「人類の最高の希望」と呼んだ。米国民も、ジェファソンと同じように、アメリカ民主主義を人類の英知がもたらした最高の政治制度と捉えている。米国民には、自民族優越主義あるいは自民族中心主義（ethnocentrism）の傾向があり、彼らは、神の祝福を一身に受けていると信じ、自分たちは間違いなど犯すはずがなく、また問題を引き起こすはずもないと信じ切っているのである。

米国の指導者は、門戸開放・膨張主義的世界観を抱くとともに、アメリカ例外主義を深く信奉しているために、周期的に訪れる国内の経済不況やそれに伴う失業問題など米国内の諸問題の原因を、国外に、つまり（その政治的、経済的、宗教的な形態を問わず）急進的ナショナリズムや国際共産主義の勢力に帰す傾向がある。一九世紀前半の米国の領土的膨張を支えた「明白なる天命」のスローガンと同じように、二〇世紀においても米国民は自由に海外に進出し活動することを当然の権利と考え、米国の国内問題は、米国の海外膨張を阻止あるいは制限したり、米国の行動自由に制約を加えたりする国外の諸勢力にその原因があると捉える傾向がある。言い換えれば、米国の指導者には国内問題の責任を諸外国に転嫁する傾向があるということである。その傾向をジョージ・ケナンは、「われわれの禍のすべての根源を国外にある一つの邪悪な権力中枢に求めようとする傾向」[22]と表現した。最近では米国民は、自分たちの直面する諸問題の原因をイスラム原理主義やテロリスト勢力に帰しているように思われる。

加えて、米国の責任転嫁の傾向は、ニクソン政権期の「貿易黒字国責任論」においても顕著に表れた。米国が、金・ドルの交換を通して、戦後世界経済の基軸を担うブレトン・ウッズ体制の管理者であったことはすでに述べた。ところが米国は、国内経済および世界経済の運営に失敗し、その結果、国内のインフレを昂進させる(国際通貨であるドルの価値を潜在的に下落させる)とともに、貯蓄不足と過剰消費の状態を続ける一方、貿易赤字を垂れ流し、世界経済を混乱に至らしめた。「貿易赤字国責任論」は、そのような米国の経済運営の責任を厳しく問うものであった。(23)

ところが米国の主張するところによれば、世界経済の混乱の責任は、ドイツや日本など、対米貿易黒字を増やし続ける米国の貿易相手国にあるというのであった。つまり米国は、世界経済の混乱の責任を一八〇度転換させ、逆に「貿易黒字国責任論」を主張したのである。

米国政府の主張および政策転換の兆候は、すでに一九七一年五月に現れていた。当時、ニクソン政権のジョン・コナリー財務長官は、「もはや米国一国がこれほどの重荷を背負っていくということが、友情とか必要性、能力のあるなしなどの議論によって正当化できなくなったということだ」(24)と歯に衣着せずに述べていた。

米国の責任転嫁の行動は、ついに一九七一年八月一五日に現実となった。その日、ニクソン大統領は、全米向けテレビ・ラジオ放送において、第二次世界大戦後から米国が続けてきた「金・ドル交換」を停止する決定を突如発表した。この発表の中でニクソンは、「金・ドル交換」を停止する理由の説明として、「諸国が今や経済的に強力になった以上、……世界中で自由を防衛する負担の一部を、公平に担うべきなのです」と述べた。ニクソン大統領の一方的な発表は、ヘゲモニー国家である米国が、「自分自身の経済・政治活動における自由度を増すために、ブレトン・ウッズ体制をかなぐり捨てた[25]」ことを意味した。

ところで一九七一年は、一八八八年以来、黒字を続けてきた米国の国際収支が初めて赤字に転落するという劇的な年であった（四五頁図12を参照）。それ以来、米国の貿易赤字問題が深刻化し、同問題に対する米国政府の責任ある対応が繰り返し叫ばれるようになった。二〇一〇年の現在、米国と中国の間には深刻な貿易赤字問題が浮上している。

米国では、一九世紀末から二〇世紀初めにかけて革新主義運動が、そして大恐慌を契機に、一九三〇年代にはニューディール改革運動が、全米各地でそれぞれ高まった。確かに、これらの運動は、米国社会の中産階級をはじめ、社会の上からも下からも同時に湧き上がった民主的な改革運動であった。一般に、歴史家は、これらの改革運動を、米国の復元力の表れとか米国の草の根改革主義の伝統の表れと、これまで高く評価してきた。しかしながら、実際には、これらの改革運動は、当時のアメリカ社会が抱える矛盾ならびに諸問題を根底から解決するというよりも、現代アメリカの特徴である団体統合主義的資本主義体制（コーポリット・コモンウェルス）に内在する諸矛盾の緩和をめざしたものであり、対処療法的あるいは応急処置的に解決しようとした点で、むしろ「保守的な」色彩の方が強かった。米国民の社会変革に対する保守性との関連で、歴史家ウィリアム・A・ウィリアムズは、米国が国内問題の原因を国外へ責任転嫁する主たる理由に、米国民の伝統的な門戸開放・膨張主義世界観を挙げている。ウィリアムズによると、本来ならば、米国民の注意、想像力、それにエネルギー（精力）は、イエス・キリストの説く人道主義および公平と平等に基づく真の共同社会の建設のために注がれるべきであったが、しかし、米国民は、「常に海外にフロンティアを求め、国内の諸問題を真に解決する努力をないがしろにするか、あるいはその努力を回避してきた」という(26)。

被害者意識に根差した恫喝外交

米国の国民性を投影したもう一つの対外行動様式に、国民の被害者意識に根差した恫喝外交がある。

建国以来、米国が国家として不断に領土を拡大し発展していくには、米国に関心を抱く潜在的な移民に米国への移住を決断させるほど、米国は常に魅力的な存在である必要があった。そのためには、一つには、世界各地から労働意欲にあふれる移民を米国に途切れることなく呼び込むこと、二つには、米国に移住した移民が、米国にずっと留まるよう、つまり彼らを故国に帰させないよう、彼らの「アメリカの夢」を実現させることが重要であった。そこで米国政府は、ホームステッド法

（自作農創設法）[27]に見られるように、米国に移住した移民に自由と機会を与えるとともに、人的資源として彼らを国家の発展のためにフルに活用した。言い換えれば、米国は、あたかも血液のように、世界各地から移住してきた移民を大量に吸い込み、吸い込んだその新しい血液をポンプ（心臓）でもって全国津々浦々に送り出した。そしてその都度、米国に新しい活力が補給されて、米国は自己増殖を続けていった。

前述したように、米国民は、北アメリカ大陸への植民活動が始まって以来、米国を世界史上「ユニークな（特異な）国」という自国像を抱き、アメリカ例外主義を事あるごとに唱えてきた。そうすることにより、彼らは「米国は常にかくあらねばならない」という高いスタンダードを自らに課すことになった。言い換えれば、彼らは、米国には現在よりもすばらしい未来があることを実績でもって世界の人々に示し、米国の存在理由を証明する必要があると自らに言い聞かせていた。ある時、米国議会上院外交委員会は、「わが国の存在の法則は成長である。われわれは、そうしたくなくても、その法則に従わないわけにはいかないのだ」と報告した[28]。米国は、より豊かに、常に右肩上がりに拡大し発展し続け、あらゆる領域において常に強く、正しく、世界で最高の国であらねばならなかった。米国の力が他の国々の追随を許さないほど強大であり、諸外国に決定的な差異を示す（突出主義、プリエミネンス）ことができる時、米国民は自信にあふれ、寛大で気前がよく、そしてその存在はまばゆいほど光り輝くのである。

しかし、米国社会が必ずしも安全でなく、多くの市民が仕事にありつけず、それに将来、生活が豊かになる望みが薄いなど、米国が世界の他の国々とあまり大差のない「普通の国」になり下がりつつあると国民が感じ始める時、その時こそ、米国のアイデンティティー（あるいは存在理由そのもの）が危機に瀕している時である。その時、米国民は自信を失って、被害者意識を抱きがちになる。その傾向は、特に、ヴェトナム戦争後のジミー・カーター政権期やイラク戦争を始めたジョージ・W・ブッシュ政権期に見られた。米国政府が諸外国の政府に対して恫喝の外交姿勢をとる確率が高いのは、まさにこの時である。

日本は、一九五五年から約一〇年間、成長率が年平均一〇パーセントを超える高度経済成長を通して、一九八〇年代に文字通り経済大国になった。ある米国政府高官は、日本の経済大国としての台頭について、米国民の複雑な心理を次のように表現した。彼いわく、「米国民は、経済成長の面で、外国（特にアジアの国）が、われわれよりも能率的に経済運営ができるという事実に面と向き合うだけの心の準備ができていない。ぼんやりとではあるが、現在、われわれは脅迫感を抱き、恐らく憤りも感じている。そしてそれにどのように対処してよいのかわからないのだ(29)」と。その政府高官が言葉ではっきりと表したものは、米国民の当惑と苛立ちの混じった複雑な気持ち以外の何物でもなかった。現在では、同じような当惑と苛立ち、それに対立の感情が中国に対して向けられているように思われる。

多くの米国民は、カルヴィニズムの流れを汲むプロテスタント（新教徒）に特徴的な被包囲心理（siege mentality）を共有しているといわれる。被包囲心理とは、常に自分が攻撃にさらされていると感じる精神状態のことをいう。言い換えれば、この世は、「善」と「悪」の二つの勢力が互いに戦っており、その中で自分たちの住む「理想郷」、すなわち米国は、機会があれば破滅させようとその機会を虎視眈々と狙っている「悪」の勢力によって包囲されていると思いつつ、不安な日常生活を送る精神状態のことをいう。多数の米国民は、現在の世界を、「われわれに危害を加えることのできる多くの悪人が住む堕落した場所[30]」と捉えるブッシュ大統領の世界観に共鳴するとともに、米国民には「自分のアイデンティティーを、悪と見なす自分の敵によってはっきりと認識する[31]」傾向があるという。このような被包囲の心理状態にある国民は、他者に対する警戒心や不信感、それと表裏の関係にある被害者意識が強いといわれる。

国民の被害者意識に根差した近年の米国の恫喝外交は、ドイツに対してその姿を現した。一九七一年五月二八日、全米銀行家協会主催のミュンヘン国際会議において、コナリー財務長官は、米国の国際収支赤字の原因を米軍の過剰展開に帰した。長官は、「米国が赤字を垂れ流さざるを得ない原因は、ソ連の脅威から西側を守るため利他的軍事支出費を強いられているからだ[32]」と主張するとともに、「ドル防衛か、西側陣営防衛か」とする二者択一型の議論を展開した。そして財務長官は、「最近の通貨不安定はヨーロッパの非協力が原因である。そんな国々を守る義務を米国は持たない。

場合によっては欧州駐留米軍の引き上げも考える」[33]と強迫めいた発言をして、米軍の駐留経費の負担（ホスト国支援策、日本で言う［思いやり予算］）をドイツ政府に要求したという。コナリー長官の発言は、ドイツに配置した米軍の六個師団こそが金食い虫であると捉え、ソ連から安全を守ってあげているドイツに、米国は金をむしり取られていると思っている米国民の被害者意識に根差していた。

日米関係に目を向けてみると、米国の恫喝外交は、日米経済摩擦が政治問題化した一九八〇年代初頭にその姿を現した。一九八一年に、日本市場の自由化について日本政府と交渉を重ねていた米国政府のある高官は、「日本が米国市場や諸外国の市場へ参入できるか否かは、日本にとって死活的な重要性を持っている。……米国の『決定的武器（the ultimate weapon）』は、日本が輸入量を増やすことが日本の国益のためになるという点にある」[34]と述べたが、その発言は、日本が国内市場を開放し、海外から工業製品や原料を輸入しない限り、米国市場や他の海外市場へのアクセスは望み薄であることを、より直接的な表現で言い換えたに過ぎない。さらに、米国財務省のマーク・E・レランド財務次官補は、「日本が市場を開放しないなら、米国市場は日本に対して閉鎖されるかもしれない。すべての責任は日本にある」[36]と日本政府に脅しをかけた。

米国の対日恫喝外交は、クリントン政権期においても続いた。一九九三年七月にクリントン政権は、米国の対日貿易収支赤字削減のため、自動車、政府調達、保険の三分野で日本政府の代表と交渉を行っていた。その交渉において米国政府は、それまで自由競争を国是としていたにもかかわらず、自由競争の原則をかなぐり捨て、日本政府に貿易規制を要求する一方、黒字減らしの通商政策として円高、ドル安を容認するよう求めた。そして米国政府は、日本の貿易黒字削減のための数値目標を定めて、経常収支黒字を国内総生産（ＧＤＰ）比で二パーセント以下に引き下げることを要求した。

さらに、一九九五年五月に、日米二国間の自動車交渉が正念場を迎えていた。米国政府は、「数値目標」に抵抗する日本政府の姿勢に強い不満と苛立ちを募らせていた。交渉にあたっていた米国政府高官や、マカーリー大統領報道官、それにウィンストン・ロード国務次官補は、「経済の問題が安全保障を含む日米関係全体に悪影響を与えるだろう[37]」と日本政府の代表を脅し、圧力をかけた。

米国政府の対日恫喝外交は、功を奏したように思われた。日本政府は、翌年の一九九六年に在日米軍訓練移転費用の負担を開始した。それ以後、日本政府は、米軍駐留費用の半分（約二七〇〇億円）あるいはそれ以上の額を、駐留国受け入れ支援、または「思いやり予算」として負担し続けることになった（五四頁図18を参照）。

このような米国の恫喝外交は、米国が日本と交渉する際に、同盟国日本を手荒く扱ってきたそれまでの高圧的な外交姿勢にその芽が見られるように思われる。米国政府が日本を手荒く扱ってきたことを示すものとして、次のエドウィン・Ｏ・ライシャワー駐日米国大使の発言などを挙げることができよう。ライシャワー大使は、「外交交渉において他の国、例えば、英国に対してであれば考えられないような譲歩を日本に対して求めること、米国の人種的優越意識をにおわせるような、日本を第二級の国のように扱うこと[38]」をやめるよう、そして「日本をカナダ並みに扱うよう[39]」国務省に進言した。また、ニクソン政権のエリオット・L・リチャードソン国務次官は、「もし交渉相手国が英国あるいはドイツやオランダであったならば、果たしてモーリス・H・スタンズ商務長官は、日本に対して使ったのと同じような言葉遣いをするだろうか」と、フィリップ・H・トレザイス経済問題担当国務次官補に遺憾の意を表した[40]。

加えて、日本の国益に直接影響を及ぼすような問題に対して、米国政府が日本政府に相談あるいは予告なしにとった措置に次の事例が挙げられる。それは、米国防総省の出光石油会社からの買い上げを突然停止したこと、肥料、運搬手段、それに第三国向けの商品を日本で調達することを突然停止したことなどである。その理由が何であったにせよ、日本側は、米国のとったこれらの措置を「専断的で、日本の国益を損ない、日米パートナーシップになじまない[41]」ものと捉えた。

米国政府がこのように日本を頭越しに行動する背景として、次の二つの理由が考えられよう。一つは、米国政府省庁の間で支配的な、日本の米国への協力を当然視する姿勢が挙げられよう。その姿勢は、「財務省、国防総省、商務省、農務省、それに他の省庁における明らかな前提は、……安全保障と経済の両面で、日本の米国に対する依存度が非常に高く、また日本の経済が非常に強いので、われわれは日本の利益を無視しても何ともないのだ[42]」という発言に明確に表れていると言えよう。

もう一つの理由は、米国の世界戦略において、米国指導者の注意と関心が、とりわけヨーロッパ、特にヨーロッパの安全保障問題に向けられている点にあると考えられる。そして、その時々のヨーロッパ情勢の緊迫度次第で、米国政府の指導者が即座にあるいは十分に、注意を日本の問題に向けられないという事情が考えられる。

これらの他にも被害者意識に根差した米国の恫喝外交の事例は数多くみられるが、その紹介は上記のもので十分であろう。ただ残念なことに、戦後以来、日米二国間の度重なる外交交渉から、「強い態度で日本を押せば、必ずや日本は主張を引っ込め、米国の言いなりになる」という経験知を、米国政府の対日交渉官に、暗黙の「引き継ぎ事項」として授けてしまったように思われる。

外交面でも単独行動主義

米国の国民性を投影したもう一つの対外行動様式に、外交面における一方的な単独行動主義がある。その事例の一つに、日本国民にとっては容易に忘れることのできない一九七一年七月一五日の、いわゆる「ニクソン・ショック」、つまり、ニクソン訪中計画の発表がある。それにより、真の友邦としてそれまで米国を全面的に信頼してきた日本政府および国民は、日本の「頭越しに物事が進む生々しい恐怖」[43]を味わされることになった。すなわち日本の国民は、米国が一方的に日米安保条約を廃棄し、日本から米軍が撤退することもありうるという、国際政治の厳しい現実を思い知らされたのである。

さらに、そのちょうど一カ月後に、米国政府は、「第二のニクソン・ショック」を全世界に与える一方的な単独行動をとった。既述したように、米国政府は、金・ドル交換を停止する旨を予告なしに一方的に発表し（ニクソン・ショック）、戦後世界の通貨制度を支えてきたブレトン・ウッズ体制をかなぐり捨てたのである。[44]

短期間に連続して起きたこれら二つの「ショッキングな」出来事は、米国にとって日米関係は便宜・国益追求のため以外の何ものでもなく、米国の国益観が変われば、その同盟関係の存在理由も変わりうるということを日本国民に強く印象づけた。同時に、二つの出来事は、日本政府の「どの様な代償を払っても米国にすがりつく」戦略が、いかに危なっかしいものであるかということも、国民に示すことになった。ある日本のジャーナリストによれば、「結局のところ米国は、政策協調とかなんとかいっても、いざ自国に都合の悪い事態になれば、その約束を一方的に反古にする」[45]と述べ、一方的な米国の単独行動主義を批判した。

二度の「ニクソン・ショック」を経験した後、「日米繊維問題」に端を発する日米貿易問題も加わって、日本国内に反米感情が高まり、一時期、日米間に緊張が高まった。事態を深刻に受け止めた米国政府は、それ以後、日本を頭越しにするそれまでの態度を反省するようになった。そして一九七六年には、国際情勢に関する情報の交換や日米間の防衛問題に関する協議を促進する措置として、「日米防衛協力小委員会」が設置された。また、一九八〇年一月にブラウン国防長官が中国を訪問した後、日本に立ち寄り、政府と情報を交換したことにも見受けられるように[46]、米国政府は、世界情勢全般ならびに日本の国益に影響が直接及ぶ問題に関する情報を日本政府と共有するよう最大限の努力を払うようになった。

以上の検討から明らかになったことは、一つは、米国民が理想主義的で寛大である一方、計算高く、仮借のない、恐ろしい国民という二つの顔を持ち、米国政府はこれらの二つの顔を、対外問題の種類とその重要性や地域性によって使い分けてきたということ、それにもう一つは、これら二つの顔は、常に並列状態にあるのではなく、米国の利益が絡んだ問題を扱う場合や、国策として米国の国益を追求する際には、武器貸与法やマーシャル計画の場合のように、二つの顔は同時に姿を現し、互いに補完し合うことが多いということである。

第二部

第四章　日本は米国をどう受けとめてきたか

歴史の捉え方―循環説、進歩観、そして混沌

歴史の捉え方の一つに循環説がある。(1) それは、歴史がある一定のパターンを描きながら周期的に循環すると捉える歴史観のことをいう。日米関係においても、循環説に立った歴史の見方がある。それは、日米関係の歴史には「友好と競争・対立」のパターンが繰り返されると捉える見方である。(2)

この見方によると、日米関係は、まず、相手国に対する憧れや親近感に基づいた「友好の時代」から始まり、次に互いに競争相手と意識する「緊張と対立の時代」へと移り、そして日米両国は、互いに敵国として「抗争の時代」へと突き進むといったパターンを描くという。このパターン、すなわち憧れや学習の対象から始まって、競争と対立へと進み、そして戦争で終わるという一つのサイクルは、第二次世界大戦後も見られるという。それは、戦後再び、憧れ・学習の対象から始まっ

て、戦前とよく似たパターンを描きながら競争と協調へと移ると捉える。言い換えれば、その見方は、一つのサイクルが開国から太平洋戦争までの期間に完結し、次のサイクルは終戦から始まって現在まで続いていると捉える。

日米関係史のこの見方によれば、黒船の来航による衝撃から日露戦争の頃までの期間を「友好の時代」[3]、次に、一九〇四年〜一九〇五年の日露戦争を境にして、二〇世紀初頭から第一次世界大戦を経て一九二〇年代までの期間を「緊張と摩擦・対立の時代」、そして一九三〇年代から第二次世界大戦の期間を「抗争の時代」と、黒船の来航による開国から日米開戦までの期間を大きく時期区分する。もう一つのサイクルは、終戦から始まり、占領期から一九六〇年代までの期間を「友好の時代」、一九六〇年代後半から一九八〇年代までの期間を「競争と摩擦の時代」、そして、冷戦後から現在に至る期間を「競争と協調の共存の時代」と大きく時期区分する。[4] すなわちこの歴史の見方によれは、一八五四年の開国から現在までの約一五〇年の期間にサイクルが二度見られるという。

日米関係史の捉え方―収斂理論、逸脱理論、相対主義、マルクス主義

日米関係の歴史を「友好」・「対立」のパターンのサイクルで捉える歴史観の他に、日米関係の歴史を収斂（コンバージェンス）対逸脱（ダイバージェンス）、それに、連続性（continuity）対非連続性（discontinuity）の二分法を用いて分析する方法がある。[5]

収斂理論からの接近法による日米関係史の研究は、米国では一九六〇年代に、日本ではその少し後にそれぞれ一世を風靡した。その当時、日米両国はアジアや他の地域において共に冷戦を戦い、互いに相手国をかけがえのないパートナーとして求め合っていた。収斂理論に基づく日米の実証主義者は、「近代化理論」に大いに依拠しながら、近代国家としての日本の成功物語を説明した。(6)「近代化理論」によれば、すべての社会は、「近代」と呼ばれる、単一の理想的な組織に向かって発展していき、普遍的で量的に測定可能な展開を見せるという。これらの研究は、日本が米国の歴史的経験から学び、近代化の過程を続けていくならば、日本は究極的には近代国家のモデルである米国に限りなく収斂するであろうという、米国の歴史的経験を主たる評価の規準とする「自己中心的な」仮説に基づいていた。その場合の「近代」という言葉は、「アメリカ的資本主義」と同義であると捉えても差し支えない。収斂理論の研究者は、日米両国の類似性を強調する一方、日米間の相違点についてはそれらをあいまいにするか、あるいは過小評価した。

一九六〇年代に盛んであった収斂理論の接近方法に対して、日米間の貿易摩擦が大きく取り沙汰された一九八〇年代にはもう一つ別の学派が現れ、それが学界で支配的になった。それは、逸脱理論に依拠する研究方法であった。

日本の著しい経済成長が、一九八〇年代に米国との間に激しい経済競争を引き起こし、それによって太平洋を挟んだライバル国同士が衝突するのではないかと、研究者の間だけでなく日米両国民の間でも心配された。研究者は、なぜ日本が経済的に大成功を収めることができたのか、またどのようにして今後、日本は経済成長を維持するのか、といった問いに対する答えを見出そうとした。彼らは、日本の特殊性を強調し、日米間には歴史を超えた永続的で根深い違いが存在すると力説した。そして、日本社会の主な制度、特に政府と民間組織の関係は、米国のそれと根本的に異なっていると主張した。逸脱理論の接近方法をとる日本研究者は、リヴィジョニスト（修正主義者）と呼ばれた。米国側の代表的なリヴィジョニストの名前を挙げれば、エズラ・ヴォーゲル、チャルマーズ・ジョンソン、それにアメリカ外交史家のウォルター・ラフィーバーが挙げられよう。(7)

日米関係史の研究には、その方法論として、ある一定の期間、収斂理論と逸脱理論の間を周期的に行ったり来たりする傾向が見られるように思われる。まず、逸脱理論が一九三〇年代および一九四〇年代に盛んになり、次に一九六〇年代には収斂理論が学界を風靡し、そして一九八〇年代から一九九〇年代には、再び逸脱理論が台頭した。それらの理論はそれぞれ重要であるに違いない。しかし、世界の一体化の進展とともに、歴史研究において問題の「関係性（connectedness）」が重視されるようになり、その結果、二分法に基づいた分析方法が、日米二国間関係の諸問題を解決する上であまり生産的でなくなりつつあった。そこで、二分法的研究方法から脱却する必要性を強く感じる研究者が現れるようになり、世界システム分析視座からの歴史研究の重要性が認識されるようになった。

近年の研究者は、徹底的な相対主義の立場に立つポストモダニズム的接近方法をとるようになった。日本は、一九八〇年代までに近代化と産業化の二つの目標を達成した後、世界で最も進んだ産業社会へと成長した。この歴史的事実を踏まえ、ポストモダニズムのグループに属する日本の研究者は、相対主義の接近方法を採用し、欧米の価値と文化を相対的に位置付けようとした。彼らは、日本の「ナショナル・アイデンティティー」を模索するとともに、長い間、欧米諸国に対して抱き続けてきた劣等意識を払拭し、日本文化固有の独自性と特異性を強調する。

文芸評論家の柄谷行人氏によれば、日本ではポストモダニズムとは「モダニズムあるいはより根本的に、西洋形而上学の構えの脱構築」をめざす動きであると定義されてきたという。「ポストモダンの情況」に対応して、ポストモダニズムの歴史家は、普遍的な特性や現実などは存在せず、存在するのは個人の認識のみであると強く主張する。[8] 彼らは、あらゆる発現、あらゆる表象、あらゆる文化には他のそれと同様の正当性が認められると論じる。ポストモダニズム的接近方法が、主としてマルチカルチュラリズム（多文化主義）の接近方法に対応していることは言うまでもないが、その接近法は、一九九〇年代以降、米国における日本研究の間で支配的になった。

日米関係史の研究に見られるもう一つの特徴は、左翼の研究者がマルクス主義の立場から、日本の発展を世界資本主義の発展過程の一部として位置付ける試みをした点にある。歴史叙述をめぐる彼らの議論の焦点は、歴史における連続性と非連続性の問題にあり、彼らは、それを近代日本の歴史的文脈、あるいは日本資本主義発展の文脈において取り上げたのである。さらに近年の左翼的な歴史家は、歴史過程における文化の役割についても強く意識するようになった[9]。日米関係史の研究の他に、日本のアメリカ研究者の問題意識や、日本国民の「アメリカ化」に対する態度にも、二項対立的な特徴や傾向が見られるように思われる。

第二次世界大戦前の新渡戸稲造、高木八尺両博士らのアメリカ研究の先駆者から、戦後の斎藤眞、有賀貞両教授らの代表的なアメリカ研究者に至るまで[10]、日本のアメリカ研究者には共通した問題意識と研究目的があったように思われる。一つは、緊張と対立の中にある日米関係を改善することであり、もう一つは、「デモクラシー」の本場である米国を模範として民主主義を学び、日本に民主主義を定着させることであった。これらの研究者のアメリカ研究は、研究者自らが意識していたか否かは別として、暗黙的に日米を比較する研究方法を用いた研究であり、そこには極めて実践的な意味合いがはっきりと認められた。

日本社会の「アメリカ化」の現象に対しても、国民の間には戦前および戦後を通して肯定と否定の二項対立的な反応が認められる。国民の中には、「アメリカ化」の現象をある種の「夢」の実現の一過程として積極的に評価する人がいるかと思えば、それを「悪夢」のように否定的に捉える人もいる。そのことは、国民が日本人としての「ナショナル・アイデンティティー」を模索し、その確立を目ざす過程において、米国に対して愛憎の二つの対立した感情を抱いてきたことを示唆している。

しかし、本書では歴史の循環説に依拠する見方や二項対立的な見方をとらない。というのは、それらには歴史の「宿命」論または「不可避」説の響きが強く、今後の日米関係の方向を示す上で説得的とは言い難いからである。

不断の学習過程としての日米関係史

本書において筆者は、一八五四年の日米和親条約の締結から現在までの約一五〇年の期間を、日本国民の一貫した学習過程と捉えている。別の表現をすれば、この捉え方は、日米関係の歴史を、「日本人が日本人であることの自覚の上に立ち戻る」一つのプロセス（歴史過程）として理解することを意味している。それは、開国から現在までの期間を、日本が少なくとも精神面で自立し、自主的に世界貢献ができる「実力」を身につけるための不断の学習の過程と捉え、その過程は現在もなお続いていると捉えることを意味している。ここで言う、日本が自主的に世界貢献できる「実力」とは、三つの要素―すなわち国の安全、豊かな国民生活、それに汎人類的普遍主義に基づいた豊かな心と精神―の絶妙なバランスを保つとともに、それら三つの要素に裏打ちされた国民の生活態度（あるいは民度 civic-mindedness）をさしている。

これまでの歴史が私たちに教えていることは、文明の進歩が、私たちに物質的な豊かさや生活上の快楽をもたらしただけでなく、同時に精神的な貧困も生み、人々の間に敵意、混乱、疎外、腐敗といった病も助長してきたということであろう。一九世紀の米国の随筆家で思想家であるラルフ・W・エマソンが、「文明の進歩は、都市の大小にはなく、人口の数にも比例しない。それは、その国が生み出す人間の種類による」[11]と述べたように、文明の偉大さを決めるのは、道徳的、知的進歩の度合である、と筆者は考える。国の安全、豊かな国民生活、それに豊かな心と精神の三要素のバランス感覚を失い、自己を見失った時、その国民は友を失うだけでなく、世界も失うことになるであろう。一九三〇年代から四〇年代の日本、すなわち軍事に偏重し、力による支配をめざした日本は、まさにそのような姿の国であったように思われる。それに対して国民は、高い代償を払った。確かに、その代価は高くついたが、しかし、日本の国民はその歴史経験から貴重な教訓を学んだ。

戦後、日本の国民は、民度の高い「平和的文化国家」に成長するため、歴史を戦後平和教育の主軸に置き、日本の歴史から「正」と「負」の両方の教訓を学ぶことに努めた。その一環として、国民は、米国から民主主義、資本主義、合理主義、順応主義、アメリカ的生活様式などを懸命に学ぶ努力をした。そして、比較的短期間に国家の再建と経済発展を成し遂げたのである。

しかしながら、大部分の国民はその過程で米国一辺倒に陥り、国民として大切な主体性ならびに物質生活と精神生活の間の大切なバランス感覚を失ってしまったように思われる。そして大多数の国民は、人生の意義およびその方向性の喪失と、閉塞感によって精神的に不安定になり、不安な日々を送っているのが、現在の日本の姿であるように思われる。

以上、今後の米国との話し合いや折衝の手立てとして、米国の指導者の世界観から米国の国民性、それに米国の対外行動様式まで分析の対象を広げ、米国の対外政策の特徴を検討してきた。そうしたのは他でもない、次の理由からである。日本の国民が、今後地球人として誇りを感じながら生きていけるようにするには、日本が主体的に国際貢献していくための「自立と共生」のグランド・デザインの趣旨と目的を、日本と緊密な関係にある米国[12]に正しく理解してもらうことが必要不可欠であること、そのためには、話し相手である米国を私たち国民は正しく理解する必要があると考えるからである。「米国を正しく知ること」と「日本の将来を構想すること」は密接に関連しており、「米国を正しく知ること」が、日本の国のあり方、それに日本の進路の「グランド・デザイン」を構想し、実践する上で避けて通れない作業と考えるからである。

これらの検討を通して明らかになったことは、米国が常に前向きの、ダイナミックで偉大な国であると同時に、「仮借のない恐ろしい」国であること、つまり「近代の価値」を現在もなお引きずりながら、ある時は矛盾し合い、またある時には補完し合う、明と暗の二面を持った国であるということである。

米国は、建国の父たちによって起草された合衆国憲法を一七八八年に採択し、近代国家として発足して以来、いくつかの修正条項を憲法に付加することにより、時代の諸変化ならびに社会の諸変化に適宜柔軟に対応してきた（歴史家の間では、それを米国民のリベラリズム（自由主義）ならびにプラグマティズム（実際主義）の表れと評価するものが多い）。しかし同時に、合衆国憲法は、アメリカ史を通して米国民の統合のシンボルの働きをしてきたこともあり、米国民は憲法を神聖かつ不可侵なるものと見なすとともに、米国には憲法を支える政治・経済思想の諸前提を不問にする傾向が強い。さらに、その後の歴史の展開に伴い、国民の間にナショナリズムが高まったことも手伝って、合衆国憲法の中の、現代社会にもはや適合的ではないと思われる「近代の価値」のいくつかでさえ根底から見直し、それを乗り越えることに米国民は消極的であるように思われる。たとえば、合衆国市民に「武器を携行する権利を保証した」修正第二条を現在もなお墨守していることに典型的に表れているように、現代の米国は、思想面において、建国の父たち以来の「近代の価値」の持つ限界を超えられないまま苦悩しているように思われる。

私たちは、米国の文明の偉大さを正しく理解し評価する一方、米国社会の明るい面だけをロマン化して捉えるこれまでの一面的な米国像から卒業し、米国をもっと客観的にしかも「クールに」捉える必要があるように思われる。今後、米国と折衝し、真の友好と相互理解に基づく新しい日米条約の締結をめざすには、どのように米国と折り合いをつけるか。日本の進路に適合するような新しい日米関係をどう構築するか。次に第五章で、これからも付き合っていかねばならない日本の現実を明らかにした後、第六章において、地球人として誇れる日本をめざす「自立と共生」のグランド・デザインを描き、それを一つの提言としたい。

第五章　日本がこれからもつき合っていかねばならない現実

財貨の蓄積も、他の国によって戦争の脅威とみなされ、他の国の先制攻撃を強いる原因となりかねない。

イマヌエル・カント

平和とは、すべての人間が互いに他を尊重し合い、一切の敵意がなくなることである。平和条約によってなるほど今回の戦争は終結するが、戦争状態は終結したわけではない。平和状態は、道徳的義務として一人一人が地道な努力をし、創設されなければならない。

イマヌエル・カント

地理的・経済的要素

日本がこれからもつき合っていかねばならない現実の一つに、日本の地理的および経済的な要素がある。二〇一〇年現在、日本の国民は、国土の広さ（約三七万八〇〇〇平方キロメートル）の割に、住む人間の数（約一億二七七〇万人）が多いことに加えて、天然資源が乏しく、食糧自給率も

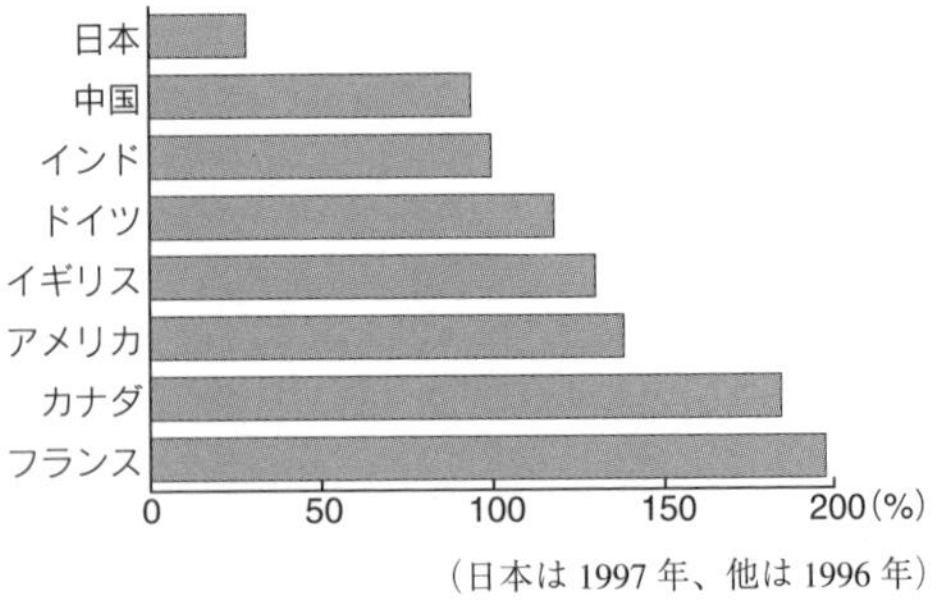

図26　主要国の穀物自給率

(出典) 農林統計協会「農業白書附属統計表」(1998年度)

四〇パーセントという厳しい現実と向き合って、毎日生活を営んでいる[1](図26)。これら地理的および経済的な要素が、日本経済の脆弱性を物語るものであることは今や常識となっている。

この動かし難い現実は、日本が存立し発展するには、原料や資源の入手と海外の輸出市場へのアクセスが必要不可欠であることを物語っている[2]。国内においては、国民は技術革新と経営の合理化、それにたゆまぬ労働により生産性の向上に励む一方、貿易に大きく依存しながら日本経済を運営していかざるを得ない。日本経済の対外貿易への依存は、安全保障の問題もさることながら、日本が常に外界からの影響を受けやすい状態にあることを意味している。長い目で見ると、日本は、「貿易か、さもなくば首をくくるか」という抜き差しならない状況の中で、好むと好まざるにかかわらず、貿易を行う国々や地域とうまくやっていかざるを得ない[3]。

この日本経済の現実は、日本の自主的な対外行動に一定の枠をはめるとともに、対外政策ならびに外交交渉には慎重さと鋭敏な感覚を必要としている。そのために日本は、国際舞台において常に試練に立たされているといえよう。日米関係の文脈でそれを言い換えれば、多岐にわたる諸問題を交渉する際に、広大な国内市場をもつ米国が日本の急所を握っているということである。(4)

政治学者猪木正道氏は、英国の日本史家ロナルド・ドーア氏との対談の中で、日本の米国への経済的依存性について次のように語った。「日本は、GNP(国民総生産)は世界の一六パーセントだけれども、資源なしだ。食糧も、ほとんど大部分が米国もしくはその勢力範囲から輸入して、それを加工して米国に輸出している。だから日本は経済的に完全に依存している。その点で中国のような独立は日本には許されないのです(5)」と。続けて、猪木氏は、「米国は偉大な国ですが、同時に非常に猜疑心の強い国です。だから日米関係を友好的なものにしようと思えば、日本は相当な犠牲を払わなければならない。……日本が、もし米国と距離をおいて、もっと自主独立の道を歩もうとすれば、米国は大変な邪魔をするでしょう」と付け加えた。ドーア氏は、この猪木氏の発言に対して「そうです。相当な妨害をするでしょう(6)」と言って猪木氏に同意した。これら猪木・ドーア両氏の発言は、日本の現実と米国の国民性について極めて正確に語ったもので、私たち日本の国民がこれからも米国とつき合っていく際に、しっかりと肝に銘じておくべき含蓄のあるメッセージのように思われる。

日本がそのような立場に置かれている国であるが故に、日本の将来について知恵を絞る知識人、たとえば『三酔人経綸問答』の中の洋学博士のような知識人は、領土が狭い割に人口の多い日本は、

「道義によって自己を守るのでなければ、他に頼れるもののあろうはずはない。……民主、平等の制度を確立して……軍備を撤廃して、他国に対して殺人を犯す意思がないことを示し、……国全体を道徳の花園とし、学問の畑とすべきである(7)」と提案するのであった。

しかしながら、これまで日本政府のエリート官僚や一部の親米的知識人は、猪木・ドーア両氏のメッセージを、「負かすことができなければ合流することだ(8)」とか、「米国という虎の尾を踏んではならない(9)」と解するとともに、「力で押してくる」米国の機嫌を伺いながらその一挙一動におどおどして、表では言うべきこともはっきりと言わず、裏では蔑みながら米国とつき合ってきたように思われる。この日本の対米交渉の姿勢は、お世辞にも健全とは言い難い。しかしこのような対米交渉の姿勢が、戦後、日米二国関係の進展を阻んだ一つの要因と言ってもよいかもしれない。

歴史的要素――太平洋戦争の後遺症

日本がこれからもつき合っていかねばならないもう一つの現実に、太平洋戦争の遺産およびその後遺症がある。この場合の太平洋戦争の遺産とは、国民の心の奥深くに植え付けられた非戦・反戦思想、または平和思想のことを指している。それは、毎年、核兵器に反対する立場を一貫して世界の人々にアピールしてきたヒロシマ＝ナガサキの運動に見られるように、日本国民の歴史的共有遺産として現在もなお幅広く受け継がれている(10)。

同時に、太平洋戦争の後遺症とは、国民の多くが、人間の普遍的テーマ、すなわち国の安全を守ること、あるいは集団的安全保障から不可避的に派生する「生と死」の問題に目を閉ざしてしまうことを指している。言い換えれば、その後遺症は、戦闘行為や戦争につながると思われるものは全てを拒否し、「何が何でも平和」といった柔軟性に欠けた、極端な態度となって表れる傾向があるということである。たとえば、一九五〇年代初めに在日アメリカ大使館に勤務していたある外交官は、「自衛のための再軍備に対しても（日本の）国民の間には、憲法上の理由と経済的理由から、かなり強い反対やためらいが見受けられる。婦人および傷痍軍人の家族の強い反戦感情が、『どのような代価を払っても平和』を唱える集団の立場を強めてきた[11]」との見解を述べ、戦争の後遺症の社会的影響を指摘した。

既述したように、日本は、軍事占領に終止符を打つために、米国と講和条約ならびに日米安保条約を結び、米国に国の安全を委ねた。そうすることにより、大多数の国民は、安全保障に伴う必要悪としての死や暴力、闘争、残虐性などに目をつむる「ダチョウ症候群[12]」に陥り、実際に日本の安全のために戦場で戦うのは米軍の仕事であるかのように考えるようになった。以後、国民は、日本にとって益となるような事柄や、当り障りのない問題には注意を向けはするが、しかし厳しい現実、すなわち「いやな事柄」や「くさいもの」には蓋をするか、あるいはそれを自分自身の問題として真剣に捉えることを避けてきたように思われる（この点に関する米国の対応については、第二章の

「米国の日本に対するセキュリティ・ジレンマ」、それに「『日本の安全保障』をめぐる米国の二つの立場」も参照)。

時代認識と選択の余地のない国際主義

日本社会は、一九八〇年代に経済大国になって以来、「豊かさ」と安楽で快適な生活を求める近代の物質文明の真っ只中へと突入した。国民の多くが、経済的効率を第一と捉えて物質主義の「トリコ」のようになり、その結果、自分の本来の道を見失い、心満たされない生活を日々送っているように思われる。国民の一部には、他者への心配りや思いやりを忘れ、自己中心的な人間になり、自己を卑下し、生命を軽んじ、その結果、近年、これまで考えられなかったような残酷な社会病理的事件が頻発するようになった。

さらに日本は、二〇〇五年に六五歳以上の人たちの総人口に占める割合が二〇パーセントを超え、OECD諸国[13]に先駆けて「超高齢社会」の時代に突入した。それとほぼ同時に、日本の人口は減少し始めた。「超高齢化」と「人口の減少」の二つの社会現象は、日本が一九九五年レベルの労働人口(一五歳から六四歳の人口)を維持するには、少なくとも二一世紀半ばまでに毎年六〇万人の移民を労働者として受け入れなければならないことを意味している[14]。この人口学的変化が示唆する厳しい現実にもかかわらず、日本の社会は今もなお閉鎖的であり、国民の世界認識は日本を特別視する傾向が依然として強く残っている。

加えて、日本国中には政治と経済に対する閉塞感、不安感、不満が蔓延している。今、国民は、「生きがい」が感じられる仕事、自分の才能や眠ったままの状態にあるエネルギーを投入できる「場所」、それに自分の信念が活かせる「適所」を求めている。それは、日本の文化と調和し、優しさや他者への配慮など、日本国民のもつ良さが発揮できる「場」であり、そのような「場」が得られる対外政策を国民は強く求めているように思われる。

また、日本の国民と、貧困の中でかろうじて命をつないで生きている世界の多くの人たちとの間に、深深とした溝が生じている。グローバル化の進展した今日の国際社会において、一国だけの純粋な国内問題はもはや存在しない。経済のグローバル化が質量ともに年ごとに進み、相互依存がこれまで以上に深まっている現在、「自分の国だけ良ければ良い」とか、「われ関せず」といった狭い自己中心的な視野は許されないし、また一国のみの繁栄はもはやありえない。たとえば、巨額の資金が一瞬のうちに世界を駆け巡る金融市場の規模とスピードの問題には、グローバルに対応するしかない。世界各地に展開している多くの日本企業に至っては、なおさらのことである。年ごとにその深刻さを増している地球環境の問題やエネルギー資源や食糧生産などの問題についても、一国だけでは対応できない。それには国際協力と国際協調が今や時代の要請となっている。

相互依存の世界では、ヒト、モノ、サービスの交流が活発になるに伴い、国家間、地域間、それに民族間の利害の対立や衝突もそれだけ頻繁に発生することが予想される。したがって、利害の衝突を未然に防ぐことのできるような長期的視野と、地球的視野に立った国益観が強く求められている。日本国民に見られる自国中心的で偏狭なナショナリズムの感情を抑え、広い視野に立つ国際主義が日本社会に定着するような地道な努力が現在、強く求められている。

したがって、日本のあるべき姿や今後の進路を考える際には、常にこれらの動かしがたい現実を考慮に入れつつ、新たな理念や道義を組み入れていくことが重要となってくる。それには、豊かな想像力と構想力、それに創造的なリーダーシップが必要であると言わざるを得ない。そのような認識に立って、本書において提言する「自立と共生」のグランド・デザインは、偏狭なナショナリズムが日本社会に台頭するのを抑えるとともに、広い視野の健全な国際主義が日本の社会に育ち、それが国民の心の中に根付くのを手助けすることをめざしている。(15)

「高次の道義的現実主義」と「良心的兵役拒否」の思想

今や世界の現状を変える可能性をもっているのは、高次の理想や理念、それに道義的指導力とそれに基づいた行動であるように思われる。歴史の転換点にある現在、「高次の道義的現実主義」と行動、すなわち普遍的価値に基づいた理想主義、人道主義、それに長期的で開明的な視野からの国益の追求が、政府はもちろんのこと、国民の一人一人にも強く求められているように思われる。本書の「高次の道義的現実主義」に基づく提言は、「この世からの核兵器の廃絶をめざす」運動と同じ種子から芽生え、同じ希望に向かって伸びつつある全人類の夢である。そこでは人間の交流が、平和と人間性の理解を深める上で重要なカギとなっている。

ここでいう「高次の道義的現実主義」とは、民生支援を必要とする世界の地域、それにその支援を求める国々や地域を対象に民生支援活動を行い、その国およびその地域の人々からは「笑顔と感謝以外に何も求めずに」持続的に行っていくヒューマン・サービス（地球人としての奉仕）のことを指している。それは、「良心的兵役拒否」の思想[16]に基づく良心的兵役拒否者の非戦闘業務のように、日本の場合は国単位で、非軍事的分野において（「軍隊の派遣」以外の方法により）、非戦闘業務の国際貢献と国際協力をすることを意味している[17]。

この場合の「良心的兵役拒否」の思想は、市民としての自由（シヴィル・リバティ）を、信仰の自由に見られるように、宗教のみに限定されるのではなく、信仰、信条に基づく良心の自由（liberty of conscience）を含む自由として、広義にとらえている。

これまで「良心的兵役拒否」の思想は、日本の国民の間にあまり知られてこなかったし、また深く根づいてこなかった。さらには、この思想は、わが国の生き方の選択肢として、真剣に考えられてこなかった。「良心的兵役拒否」の思想は、二一世紀日本の外交が依拠すべき原点であると筆者は考えている。

戦闘業務に替わる、国単位の良心的非戦闘業務が、国内および国外で正当なるものとして受け入れられるには、それが、戦闘業務に求められるのと同じ、あるいはそれ以上の労力と費用とコミットメント（他の国々や人々とかかわり合うこと、すなわち精神的な肩入れ）を必要とするものでなければならない。かつてドイツの哲学者イマヌエル・カントは、「財貨の蓄積も、他の国によって戦争の脅威とみなされ、他の国の先制攻撃を強いる原因となりかねない」[18]と述べたことがある。カントが言わんとしたのは、もし財貨を蓄積した豊かな国が分相応の国際貢献を行わない場合、そのような国民は、生活困に苦しむ国々から嫉妬や反感を買い、彼らの攻撃の対象になるということだけではないだろう。むしろ、哲学者のカントは、国のあり方として、分相応の貢献を行おうとしない国の存在そのものが、他の国々にも悪しき前例となり、他の国々を精神的および道義的に堕落させることになりかねないので、他の国々はそのような国の存在をある種の脅威と捉え、他の国々に「先制攻撃を強いる原因となる」ということを言わんとしたのであろう。

「自立と共生」のグランド・デザインの文脈において、この含蓄あるカントの名言が意味するところは、日本が他の国々から先制攻撃を受けるといった不幸を招かないためには、国の財源のかなりの部分を、「自立と共生」のグランド・デザインのために費やす必要があるということである。

「高次の道義的現実主義」の諸前提

本書でいう「高次の道義的現実主義」は、次の前提の上に立っている。

（一）日本が世界を変えたい、あるいは他の国の行動を変えたいと思うならば、まず日本が変わる必要があるということである。そして、日本が実際に変わったことを世界の人々に行動で示さなければならない。日本にとって参考となる「まず自分が変わる」という最近の事例に、ソ連で最初で最後の大統領ゴルバチョフの「新思考外交」や「グラスノスチ（情報公開）」を含む「ペレストロイカ（改革）」運動がある。ゴルバチョフは、「相手側が変わらない限り、自分からは変わらない」という硬直した冷戦的思考の殻を破り、「まずソ連が先に変わらなければならない」といって、冷戦終結の突破口を開いたことは私たちの記憶に新しい[19]。

「まず日本が変わる」ということは、国民一人一人が、日々の生活を通して日本国憲法の平和主義の精神を取り入れて自分のものとし、そして自分の血となり肉となったその平和主義の思想と精神を世界各地において行動で示すことを意味している。言い換えれば、「高次の道義的現実主義」は、日本国憲法の前文[20]、および憲法第九条[21]に掲げる平和主義、戦争否定と軍備廃止の精神を支え、それに生命力を吹き込むべく平和憲法の精神を実践することである[22]。

日本国民が平時において持続的に奉仕することは、世界のどの国からも日本を攻撃しようという気持が起きない国へと日本が様変わりすることを意味する。それは、他の国にとって日本を軍事的に侵略することがいかに無意味であるか、そして日本を軍事的に侵略することが、その国の国益を損なうことになることを感得させる、そのような国に日本が様変わりすることを意味する。それには気が遠くなるほど長い時間と努力、それに忍耐力とコミットメントが不可欠である。しかし、それがまわりまわって、他のどの安全保障の選択肢よりも着実にしかも確実に、日本の安全にも寄与すると筆者は考える。

（二）国際社会から尊敬される平和文化国家・日本は、経済力を軍事に転化して軍事大国になってはならないし、軍事大国にはならないという大前提の上に立っている。力（パワー）は、人間の理性を麻痺させ、生命を無価値なものにする危険性を常に内包している。というのは、力を保持する究極の目的が、自分の意思を他者に押し付け支配することにあるからである。ヴェトナム戦争での米国の敗北が示しているように、物質的な力には自ずと限界があり、いくら圧倒的な軍事力でもってしても人間精神を支配することはできない[23]。

さらに、日本は今後も核兵器を保有せず、「核兵器を持たず、作らず、持ち込ませず」の非核三原則を徹底して遵守する決意と約束を再確認することである。というのは、核兵器は「世界に殺戮の犠牲と荒廃を生みだす前に、人間の悪夢の原因となり、悪感情を育て、相互不信をつくり……またそれ（核兵器）は、巨大な出費を要求し、人間の団結と有益な仕事を妨げることになる」からである[24]。「恐怖」に基づいた国の安全保障策は、他国に信頼を置いていないために却って隣国に不安を感じさせることになり、必ずしも国の安全を保障する政策とは言えない。なぜならば、軍事力に偏重した安全保障政策が、ある国には一〇〇パーセントの安全をもたらすものと考えられていても、他国には軍事的脅威を意味するからであり、また、どんなに国を武装しても一〇〇パーセントの安全保障は不可能であるからである。

つまり、国と国との関係は、せんじ詰めれば国民一人一人の人間関係であり、指導者個々人の間に不信と憎悪がある限り、平和や安全な環境はつくることはできない。哲学者カントが主張するように、「平和とは、すべての人間がたがいに他を尊重し合い、一切の敵意がなくなることである。平和条約によってなるほど今回の戦争は終結するが、戦争状態は終結したわけではない。平和状態は、道徳的義務として一人一人が地道な努力をし、創設されなければならない[25]」と筆者は考えている。私たち国民は、国の安全保障について真剣に考えるならば、健全なバランス感覚を身につけ、軍事力に偏重した安全保障とは異なる他の方法によって、平和と安全への道を模索せざるを得ない。他の方法とは、(一)と同様、平時にしかも持続的に人類の福祉と尊厳のために奉仕することである。それは、日本特有の長所や経験知を活かしつつ、世界の平和・国際社会の安定に寄与することであり、それが、まわりまわって軍事偏重に代わる公正な国際社会の実現、すなわち核兵器の保持や軍備増強が無意味になる世界の実現につながると筆者は考える。

(三)現在、国際社会を悩まし続けている地域紛争、民族紛争、国および地域の不法状態などは、これらの紛争よりも深いところに根をもつ問題が表面に現れた現象であり、その根源は、極度の貧困と貧富の格差、教育の機会の欠如などによる無知、生産や生活の基盤となるインフラストラクチャー(産業基盤および社会福祉・環境施設)の未開発などにあると捉えている。「自立と共生」のグランド・デザインの依拠する「高次の道義的現実主義」は、ロックフェラー財団憲章の精神、つまり「世界中の人々の福祉を増進するために、社会の諸問題の根本的原因を突き止め、その根絶をはかる」と宣言する精神と軌を一にするものである。[26]同時に、この「自立と共生」のグランド・デザインは、日本国民の日常の生活に基づいた平和を願う自然な気持と意思を表したものであり、それはまた、国連ミレニアム開発目標[27]の実現に向けて協力を惜しまない多くの国民の決意の表明でもある。

このような認識の下に日本の国益とグローバルの利益(地球規模の利益)の調和をめざして、日本のあるべき姿や今後進むべき方向を示すことが、今日の日本にとって焦眉の問題となっている。

市民社会において各個人に自己防衛が不可譲の権利として認められているように、国際社会においても国民国家の存立のための自衛の権利と責任が認められている。私たちは頭から軍事を否定するのではなく、存立のための必要最低限の軍事力を持ち、それとうまく付き合っていかねばならない。そのためには自衛のための軍事力を管理するシステムを構築し、それに対する管理能力(軍隊のシビリアン・コントロールの原則の徹底化)を身につけることが重要となる。したがって、日本が問われているのは、現状維持か、あるいは日本が核保有国の仲間入りをして「普通の国」になるか、といった二者択一の問題ではない。今、私たち国民に求められているのは、大胆でかつ新しい想像力と指導力、それに実践力である。それは、日本にとってやりがいのある挑戦にちがいない。その道筋をつけるために描いたのが、次章の、地球人として誇れる日本をめざす提言、すなわち「自立と共生のグランド・デザイン」である。

第六章　提言──地球人として誇れる日本をめざして

世界中の人々の福祉を増進するために、社会の諸問題の根本的原因を突き止め、その根絶をはかる。

ロックフェラー財団憲章、一九一三年

平和を根付かせるには、……「人間の安全保障」を持続的なものにする必要があります。我が国は……紛争下の事態に対して、武力をもって介入することは国家の政策として行っておりません。

福田康夫首相、二〇〇八年(1)

「はじめに」の部分で述べたように、戦後、日米両国が築いた日米安保体制は、米国の軍事的プレゼンスによってわが国の安全を守り、その下で国民は経済的繁栄を享受してきた。その一方で、民主政治にとって不可欠な、権威に対する批判的精神や主体性を弱めるという負の遺産をつくったように思われる。米国のソフト・パワーの目的の一つは、日本国民の自主的な「自助の精神」を涵養することにあった。しかし、日本の国民は、米国のソフト・パワーの権威によって、米国のイニシアティブを受け入れ、それに従うといった関係を強めることになった。そのような負の「遺産」を克服し、日本が国際社会において生き延びるにはどうすればよいか。

本書で提言する「自立と共生」のグランド・デザインは、今こそ平和の大切さを肌で強く感じている市民の目線から、国のあり方や国の進むべき方向とそのかじ取りに、市民一人一人がいかに関わっていけるかを具体化したものである。(2)

「自立と共生」のグランド・デザイン

前節でも触れたが、「自立と共生」のグランド・デザインの考えは、一七世紀の英国の哲学者トマス・ホッブズ(3)以来、西洋諸国において支配的である、軍事偏重の「国の安全保障」の概念を大幅に修正するとともに、日本国民の生き方や日本の文化に適合した「国の安全保障」観、それに「人間の安全保障」の概念に基づいている。それは、人間が生存し、暮らしていく上で必要不可欠な、自立的で根本的な欲求、言い換えれば、オーストリアの歴史家で社会哲学者であるイヴァン・イリイチの言う、地域と日常の生活に根づいた欲求に基づいている。(4)それを日本の文脈で表現すれば、「殺生せず、自然と共存しながら生活を営み、人と共に手を取り合って生きることにより、物理的および精神的な安全を確保する」という日本の伝統的な人生観を指している。言い換えれば、それは、日本国民が日本国憲法前文の平和主義の精神を発揮し、いわば国単位の良心的兵役拒否者として、非軍事・民生支援の分野に徹する国際貢献を行うことを意味している。その過程において、日本は世界のどの国からも「日本を攻撃しようという気持が起きない国」へと様変わりするのである。

日本がそのような国に様変わりすることにより、核の抑止力に頼ったり、核兵器を保有したりすることが無意味になるとともに、国際紛争の解決法として軍事力を行使することが漸次的に無意味になっていくこと、あるいは、たとえ軍事力が行使されてもその範囲が徐々に狭まって行くことが期待されるのである。

英語の表現に“Make Peace”とか“Make History”というのがある。これらの表現は、平和の構築や歴史的な変化は、何もせずにただ手を拱いて待っているだけでは実現しない。むしろ人間一人一人が、小規模ながら個人的なやり方で、今の世界をより住みやすい場所とするために積極的に行動することが不可欠であることを意味している。この意味において、「自立と共生」のグランド・デザインは、平時において地球規模で民生支援活動を持続的に展開し、かけがえのない地球の未来に対する地球人としての義務と責任を果たすことを意図するものである。そのような形で地球人としての義務と責任を果たすことが、国際社会の安定と秩序の維持、それにその結果として、日本の安全の確保につながると筆者は考える。

具体的には、「自立と共生」のグランド・デザインは、水準の高い日本の工学・医療・経済開発、技術、教育の経験知、それに自然との共生を重視する日本の思想・哲学を活かしながら、世界の国々および地域の人々の福利厚生の向上に貢献する。そうすることが、暴力や憎しみの温床となる貧困や無知などをなくすための手助けとなり、国際社会の安定にも役立つものと期待される。

このような地域社会および国際社会の安定の基礎造りは、地味な形ではあるが、ある種の「国際公共財(5)」を提供する活動と見なすことができよう。というのは、米国の経済学者で財政学者ジェームズ・M・ブキャナン教授が主張するように、「政治—法秩序は、一つの公共財である」と考えるからである。公共財としての「制度」の概念を重視するブキャナン教授は、ある秩序から不特定多数の人々が様々な便益を受けるとき、その秩序は公共財としての性格を有することになり、民主主義や経済の制度はそれ自体が公共財であるという。「自立と共生」のグランド・デザインの国際貢献は、当該地域の人々の心を捉えるとともに、国際社会の信用も得ることになるであろう。そして、その成果として、世界における日本の位置とその役割の正当性が国際的に認められ、このような形の国際貢献が、不動の日本の国策として確立されていくことであろう。

加えて、「自立と共生」のグランド・デザインは、国内的には、人生の生きがいが感じられる機会と活動の場を若者に提供する一方、結果として、若者の国際貢献が世界の人々に日本社会の窓を大きく開け、それが国民の意識変革と日本社会の真の国際化につながると期待されるのである。

若き日本の地球民生支援部隊

そこで、地球人として誇れる日本をめざし、また元気あふれる日本社会のルネッサンス（再生）をめざして、「自立と共生」のグランド・デザインを実行に移すために、若者を中心とする地球民生支援部隊（「世界平和をめざすＹＪＣＣ」Young Japan's Civilian Corps for World Peace）の創設を提案したい。

次に、「自立と共生」のグランド・デザインの中身、それに期待しうる効果について、順に説明を加えていきたい。「世界平和をめざすＹＪＣＣ」に関する原則は以下の通りである。

参加者について

（一）「世界平和をめざすＹＪＣＣ」への参加者は、男女の区別なく一九歳以上の「若者」とする。ただし、健康上および身体障害上の理由、それに他の特別な理由がある場合はその限りでない。この場合の「若者」には、人生の期間を意味する年齢上の若い人たちだけでなく、逞しい意志と人生に対して燃える情熱、それに安きにつく気持を振り捨てる冒険心を抱き続ける、精神的に若い（young-at-heart）退職者なども含まれるものとする。(6)

（二）前者の若者については、学業ないし就職等に影響が及ぶと思われる場合、夏季休暇、冬季・春季休暇などの短期のボランティア・プログラムを選択的に活用できるものとする。

（三）後者の「若者」については、原則として志願によるものとする。

制度について

（一）若き日本の民生支援部隊による地球民生支援活動は、民生安定化の支援事業が真に必要な国あるいは地域を対象とし、しかも民生支援が、国あるいは地域によって望まれている場合にのみ、官民が一体となって行うものとする。

（二）「世界平和をめざすＹＪＣＣ」への参加は、助走の段階においては当分の間、志願を基本とする。しかし、「世界平和をめざすＹＪＣＣ」の主旨への理解が得られ、「押しつけられた」と感じなくなるほど国民の意識が変わった段階において、将来は国民による登録と義務（権利）に基づく制度への切り替えをめざすものとする。

（三）このプログラムは、一年間の準備期間と一年間の海外派遣期間の合計二年からなる。

（四）派遣された国あるいは地域での滞在期間は、原則として一年とする。ただし、夏季休暇、冬季・春季休暇などの短期のボランティア・プログラムを活用する場合、海外派遣期間はボランティアの期間を合計して一年とする。もし本人が希望すれば、受け入れ国あるいは受け入れ地域の同意のもとに、さらに一年間の更新が認められることもある。

（五）渡航費や保険料を含め、参加に伴う費用は全額、国の予算ならびに民間人および民間団体からの寄付金から支払われるものとする。(7)

準備期間について

（一）参加の一年間は、派遣の準備期間（オリエンテーション期間）とする。すなわち、最初の六カ月は、官民の外国語教育機関などで、参加者が派遣を望んでいる国あるいは地域の言語およびその国およびその地域に関する基礎的知識の習得に充てられる。なお、六カ月間に習得する当該外国語は、現地で生活を営む際の必要最低限の基礎的な知識とする。残りの六カ月は、職業訓練所などやインターン制度を通して、参加者が望む技術、技能の習得に充てられる。

（二）一年間の準備を終えた後、本人の意思と健康状態を再確認し、希望する国あるいは地域に派遣されるものとする。

活動内容について

（一）参加者は、派遣された国あるいは地域の民生安定のための支援活動に従事する。

（二）民生支援活動は、農業、漁業、保健衛生、初等および中等教育など、人間のニーズに直接応えるヒューマン・サービス面、建設などのインフラ開発、地域組織などの社会開発面に重点を置いた活動を含むものとする。

（三）参加者は、派遣された国あるいは地域が参加者に望んでいる仕事を主として行うものとする。

行動原理について

（一）参加者は、オリエンテーション期間中に習得した技術ないし技能と、原則としてその国あるいはその地域の言語の知識を有効に使い、現地の人たちと協力しながら仕事を行うものとする。

（二）参加者は、現地の法律や規則に従い、現地の人たちと同じ屋根の下で生活を共にし、現地の人が食べるものを食べ、現地の生活水準に従って生活をし、現地の人たちと仕事を分かち合い、原則として現地の言葉を話し、学び、理解しあうことにより、互いの心が通じ合うところに民生支援活動に参加する利点があることを認識するものとする。

（三）参加者は、人の交流が、究極的には人間性の理解と平和にとって重要なカギの一つになることを念頭に置き、民生支援の活動においては、他の人への思いやり、親切心、勤労精神など、日本人特有の魅力、歴史的経験知、技術などを現地の言葉で説明するよう心がけるとともに、現地の人たちからは、地域の事情、言語、生活様式や物の考え方などを直接学び、尊敬に基づいた友情関係を築くよう心がけるものとする。

帰国後の参加者の待遇に関する申し合わせについて

（一）参加者が帰国後の就職活動等で不利に扱われないために、政府、実業界、関係諸機関は、大学入試の「一芸入試」のように、優先的に仕事に就けるような何らかの特別な配慮がなされるという申し合わせを行うものとする。というのは、日本の雇用者の間には「新卒や年齢にこだわる」

企業社会の近視眼的で閉鎖的な現状があるからである。[8] 青年海外協力隊事業が日本政府の事業であるにもかかわらず、「一般企業が青年海外協力隊員の経験を評価することはあまりなく、隊員の希望に添える就職を紹介することは多くない[9]」という。

（二）雇用者は、参加者が就職した後、民生支援活動を通して得た貴重な海外生活の体験、知識、情報が有効に活かせるような処遇を考慮するものとする。

（三）これらの雇用者側の参加者への配慮が、日本の若者がこれからも「世界平和をめざすＹＪＣＣ」の民生支援部隊に参加するインセンティブ（動機づけ）になることを認識するものとする。

地球民生支援活動から期待しうる効果

次に、若者を中心とする日本の地球民生支援部隊の活動から期待しうる効果ならびに影響について、（一）海外の場合と（二）国内の場合とに分けて、順に検討を加えたい。

海外の場合

一つは、地域紛争や民族紛争、それにテロ行為など、暴力と殺戮の温床といわれる貧困と無知を根絶する手立てとして、地域住民と共同で作成され、合意された計画に沿って地域社会開発を行うことである。そこで重要な事柄は、単に救援物資を海外の地域社会に与えることではなく、地域住民自らが日本の若者と一緒になって地域社会の建設に従事する、その機会と環境を提供することである。そうすることにより、地域の経済的な自立が進み、民生が安定する一方、地域住民の自助の精神が培われていくであろう。そのような過程は、ゆっくりとではあるが、しかし着実に、地域社会の秩序と調和の回復それに地域社会の安定につながるものと期待される。そして、それが国際社会において紛争の起こりにくい状態を不断に作っていくことになり、まわりまわって国際社会の安定化と秩序の維持につながるものと期待される。

地球民生支援部隊の活動から期待しうる効果の二つ目は、若者を中心とする日本の地球民生支援部隊の活動が、国益追求を中核とする既存の外交アプローチに替わる、人道主義に基づいた開明的な外交アプローチであるだけでなく、それを行動でもって国際社会に提示することになり、日本のイメージの大幅な改善につながると考えられることである。特に、東アジア地域において、日本の存在感が薄れつつあるといわれる今日、「世界平和をめざすＹＪＣＣ」の活動は、日本国民の生き方を国際社会に印象付けることになり、間接的にそれが、近年、アフリカ諸国やラテン・アメリカ諸国など世界の各地で露骨に資源外交を展開する中国の外交と、日本のソフト・パワー外交の違いを際立たせることにもなる。(10)

三つは、日本の地球民生支援部隊の活動は、無私の活動を通して現地の人たちの心を捉えることになろう。つまり、共に働く中で、他人への思いやり、進取の気性、物事を素早く学ぶ能力、節約、

図27　マダガスカルの小学校にて（JICA、羽原隆造氏提供）

きれい好きなど、日本の国民の特性を現地の人たちに印象付けることになり、それは現地の人たちの日本という国ならびにその文化への興味と関心へとつながっていくことであろう。そして、そのような中からこそ、日本とその国との長きにわたる友好関係が始まると期待される。

一九九九年から二〇〇一年まで青年海外協力隊に参加したある若者は、「赴任地のセネガルではみんなが、『日本は豊かで素晴らしい国だ』と言ってくれました[11]」と報告し、日本の民生支援活動が徐々に現地住民の心を捉えつつあることを裏書きした。このようにして日本のプラス・イメージが高まるとともに、世界各地で日本の文化への関心や商品への需要が高まることも期待される。それだけでなく、日本が平時から持続的に国際社会に「種まき」をすることが、地球規模の食糧不足の事態が訪れるその前に、諸外国との共同開発が可能となる人間関係や、国と国との関係を育むことにつながり、それが、間接的にではあるが、無資源国で食糧自給率の低い日本の保険の役割をする、目に見えない貴重な財産にもなりうるのである。

国内の場合

地球民生支援部隊の活動から期待しうる効果の一つは、参加者である日本の若者へのインパクトと若者の変容であり、もう一つは、日本社会への影響である。まず、海外経験を通しての若者への教育的効果について述べる。

自由で責任ある日本の「若い」男女が、文化と言語と慣習の壁を越え、人類の福祉と尊厳のために奉仕するという経験は、国内外から日本の若者への尊敬を集めるにとどまらない。若者の地球民生支援部隊への参加は、自分の能力を開発し、生産的な市民としての責任と能力を発揮する機会が海外において彼らに与えられることを意味する。その経験は、若者たちが、生きがいや人生の意味を考えるきっかけとなるだけでなく、その経験から得た知識や情報は、本や新聞や、あわただしい海外旅行から拾い集めたものではない、海外の地域社会の一員になることによってのみ得られる、貴重なものである。前に引用した青年海外協力隊に参加したその若者は、「協力隊時代にいろいろな人に出会い、いろいろな人生に触れたことで、視野が広がり、思い込みの枠が外れたことは強みだと思っています[12]」と語った。このように語学能力を身につけて海外に派遣された若者は、外国の人たちの様々な慣習や制度を知り、外国社会についての理解を深めるとともに、世界が多様性に富んでいることを学ぶことになろう。彼らは、地域の住民がすべて、人間として同じ基本的なニーズと欲望、それに共通の願望を持っていることを知ることであろう。

同時に、海外に派遣された若者の経験は、世界の厳しい現実を知るだけでなく、他者との真の共存の術を学ぶことを通して、他人の喜びや悲しみ、それに痛みを自分のものとして感じ、それを分かち合えるような、知性と感性と品性のバランスのとれた若者に育つ機会となるであろう。また、日本を客観的に見る機会を与えられることから、日本社会のよいところを再認識し、至らないところは知恵を絞ってそれを改善しようといった、社会や人生に前向きな若者を育てる貴重な機会にもなるであろう。彼らは、奉仕を通じて地域住民の深い心の琴線に触れることもできることであろう。そして、日本と日本以外の国とがいかに密接に結びつくにいたったかを発見し、自分自身の国に対して責任を感じながら帰国することであろう。

たとえば、二〇〇二年から二〇〇四年まで日系社会青年ボランティアとしてブラジルに渡ったある若者は、「言葉や文化がわからない中に一人ポツンとおかれたときの不安は相当なものです。この気持ちがわかるからこそ、不安な思いを抱えて日本で暮らす外国人の子供たちや保護者の気持ちに寄り添えるのである」[13]と語った。

貴重な経験を終えた若者は、帰国する時には以前よりも成熟し、人生と仕事に対して新しい見方を身につけるとともに、平和維持への貢献ならびに国際社会への貢献に参加したことに対して自分自身に誇りを持つことであろう。そして、帰国後、日本社会に活力を注入して、社会の閉塞感を吹き飛ばすことであろう。

また、精力的な若者は、海外に進出を企画する中小企業にとって、海外の政治・社会情勢についての知識や海外の市場の情報を提供してくれるばかりでなく、即戦力のある貴重な人材となるであろう。一九九七年から二〇〇〇年に青年海外協力隊に参加したもう一人別の若者は、「僕の活動の原点は仲間との充実した実体験から得られる刺激です。お互いに刺激を与え合える関係性を築き、そしてお互いの連帯を深めていければ、と思っています」[14]と貴重な海外体験の意義を述べた。

要するに、海外に派遣された日本の若者は、海外経験を通して視野を広め、帰国後は、世界の脈絡において日本社会について考えるようになるであろう。そうすることが、偏狭なナショナリズムの台頭を抑える一方、日本社会に国際主義が定着する一助となると期待される。

次に、「世界平和をめざすＹＪＣＣ」の地球民生支援部隊で活躍する日本の「若者」が、現地の人たちに与えるインパクト、それに日本社会への影響について述べたい。

前節において、日本の「若者」の無私の地球民生支援活動が、現地の人たちの心を捉え、それによって、現地の住民が日本および日本文化への興味と関心を抱くようになる、と述べた。日本の若者の献身的な行動により日本に興味を抱くようになった世界各地の若者は、このような「若者」を育てた日本はどのような国なのか、その国の文化はどのようなものかを自分の目で確かめたいという思いから、日本に留学したいという気持ちが膨らむであろう。その結果、派遣先の国々から日本の大学への留学を希望する若者が増えるものと予想される。

図28　シリア・アラブ共和国、アレッポ大学学術交流日本センターにて（JICA、五味悦子氏提供）

このように自然発生的に湧き上がる日本への関心と興味を日本が活用しない手はないように思われる。というのは、日本社会の国際化のために、これまで官民が一体となって海外からの留学生を増やすための涙ぐましい努力がなされてきたが、日本から声をかけて留学生を募るだけでは十分な数の留学生は集まらない。「世界平和をめざすＹＪＣＣ」の地球民生支援部隊のように、先手を打って、海外の若者に自発的に日本に留学したい気持を起こさせることが大切である。「世界平和をめざすＹＪＣＣ」の地球民生支援部隊の活動によって刺激された多くの外国の若者が日本に留学することが、日本の大学を真に世界の大学に変える一助になるとともに、それによって日本社会の国際化がさらに進むものと期待される。

そうはいえ、「世界平和をめざすＹＪＣＣ」の地球民生支援活動には、苦しいことも辛いことも、また予想を超える危険が伴うことも多いことであろう。単なる善意だけでも、はつらつとした熱情と気高い目的意識だけでも十分とは言えない。それには、確固とした価値観や思想を信じ、その価値観や思想のために自分も世界の平和のために積極的に参加し、係わっていこうと思う若者の「コミットメント」が不可欠である。というのは、繰り返すまでもないが、この事業は、地球人として誇れる日本をめざす国際貢献の一環であり、日本の若者が未来の地球のために地球人としての義務と責任を果たすものであるからである。

むすびにかえて――「民族自決」の再提言

以上、「日本のあり方」や今後の進路、日本の国際社会での貢献とその方法、その背景にある国民の考え方や思想などについて、筆者の意見を述べてきた。繰り返すまでもないが、本書の提言は、政府開発援助のような従来型の対外援助ではない(1)。それは、日本が、いわば国単位の良心的兵役拒否者として、非軍事・民生支援に特化した国際貢献、すなわち地球人の道義的責任を平時において地球規模で継続的に果たしていくことの重要性を強調するものである。そして、日本国民が、日本国憲法前文に謳う平和主義の精神を守り、それを実践することにより、日本が主体的に世界平和と地域の安定に積極的に貢献すること、すなわち「日本が最も平和主義的な国民であり続けること(2)」を世界に示そうとするものである。

日本は、国単位の「良心的兵役拒否者」として、非戦闘業務の国際貢献に徹することができるような、新しい成熟した日米関係の構築をめざしている。(3)「自立と共生」のグランド・デザインを実践していくには、現在の日本にとって最も重要な国である米国の理解と協力を得ることが必要不可欠であることは何度も述べた。「自立と共生」のグランド・デザインを米国に説明する際に、次の三つの点を特に強調することが重要であると思われる。

一つは、「自立と共生」のグランド・デザインが、米国の地位や利益を脅かすものではなく、またそのような意図も全くないということである。もう一つの点は、世界の平和と安定を脅かす地域紛争の主たる原因が、貧困、貧富の格差、それに無知などにあるとの考えの下に、このグランド・デザインは、地域紛争の原因を根本から絶つために、日本特有の歴史的経験と能力を活かして、ある種の「国際公共財」を提供するものであるということである。さらにもう一つの点は、国際貢献の分業という観点から、日本が米国と協力しながら、世界の平和と安定に貢献するものであるということである。

第二次世界大戦から半世紀以上も経過した今、国際政治における日米両国の位置および近年の中国やインドの台頭などに表れているように、世界全体の力関係にかなりの変化が見られる。ふり返ってみれば、日米安保条約が一九六〇年に改定されたとはいえ、現在の日米安保システムは、基本的には第二次世界大戦直後の日米二国間の力関係を直接反映したものである。その例として、日米安保システムには暗黙の了解事項として日本の行動を抑制、あるいは管理する装置が内蔵されているが、しかし米国の行動を抑制したり、管理したりする装置などは内蔵されていない。歴史は、国際社会に寄与しようとする各国民の意思と能力が絶えず変化していることをはっきりと示している。二国間関係は、決して固定した不動のものでなく、日米関係も例外ではない。

この不可避的な変化の過程を、法律的拘束などを加えて阻むのではなく、日米二国関係が末永く友好的にかつ効果的に発展するよう、節度と細心の注意を払いながら、日米同盟の調整を容易ならしめるような努力が極めて重要である。日米二国間関係の「進化」と日米同盟関係のさらなる「深化」をめざすというのであれば、日本は、非軍事・平和主義の国是に徹する一方、「世界平和と秩序の維持のための国際分業」に関する新しい協定を米国と結ぶ方向をめざすべきだと筆者は考える。

かつて新渡戸稲造が「判断する前に理解を」[4]と訴えたように、日本は、あるがままに米国を見、良いところもそうでないところもあるがままの米国を受け入れる。それと同じように、米国は、あるがままに日本を見、良いところもそうでないところもあるがままの日本を受け入れる。新しい二国関係を築くために、日米両国にはこのような度量の大きさが求められよう。

しかし、相互に理解を深めることは、たとえ「敬愛と同情の念」をもってするにせよ、結果的には相互の相違を自覚し、相互の対立的契機を意識することにもなりうる[5]。戦後日本におけるアメリカ研究の第一人者である斎藤眞教授は、一九五二年、米国のプリンストンで開かれた「太平洋問題調査会（ＩＰＲ）」に出席し、そこでの国際政治学者フレデリック・ダン教授の忘れ難い発言を次のように記している。ダン教授によれば、「相互理解、相互理解というが、お互いに相手をよく理解するということは、お互いが好きになるということには必ずしもならない。むしろ、相手を嫌いになるということが、人間関係であることは諸君も承知のごとくである。このことは国際関係にもあてはまる」という。[6]この意味において、「政治的能力を備えた世界共同体は、道義基準と政治行動の共同体である」という国際政治学者ハンス・モーゲンソーの含蓄ある発言を想起することは有益であるかも知れない。[7]外国研究や文化交流がまさにそのような正と負の両面をもっているがゆえに、平和の構築には相互理解以上のもの、すなわち「高次の道義的現実主義」と、民度の高い人間による成熟した二国間関係が要請されるのである。

ところで、一九一八年一月八日にウッドロー・ウィルソン大統領が、米国議会での演説において、米国の第一次世界大戦の戦争目的ならびに戦後の世界秩序構想の骨子となる「一四カ条」を全世界に向けて高らかに発表したことは有名である。「一四カ条」の中でも、ウィルソン大統領の遺産として最も重要な原則と考えられるのが、後に国際連盟の設立となる第一四条の「国際機構の設立」であり、もう一つは「民族自決」の原則であろう。後者の「民族自決」の原則とは、自分たちの問題は、自分たちが最善と考える方法で、自分たち自身の手で解決するという原則であり、米国においては一般常識となっている「自己実現の権利」を意味している。

ところが、民族自決の原則は、ウィルソン大統領の「一四カ条」の演説後、紆余曲折のいばらの道をたどることになった。たとえば、第二次世界大戦後に米国政府のディーン・アチソン国務長官は、「われわれは、われわれの生活様式が素晴らしいと心底思っている他の国民が、そうしたいと願う生活ができ、それが続けられるよう、喜んで助ける用意がある」(8)と語った。しかしながら、アチソンの発言は、米国の支援を受けるには他国民は米国の真似をしなければならないという米国の真意を、婉曲的に言い換えたにすぎない。

さらに、講和条約について日本が米国政府と折衝していた一九四八年から一九五二年にかけて、平和問題談話会に結集した学者、それに当時、東京大学の南原繁総長ら、日本を代表するリベラルな知識人が、米国の安全保障政策およびその実施に対し、日本の「非武装中立」を唱えて、重大な留保条件を付した。しかし、米国政府は、南原総長らの提案を、現実を直視しようとしない、不合理的でかつ危険極まりない「ダチョウ症候群」(一四七頁参照)のようなものであるとして、まともに取り上げることなく一蹴した。

これらの事実が示すように、米国政府との折衝は一筋縄でいくとはとても思えない。だからといって、私たちは、被害者意識の裏返しや欲求不満のはけ口として、あるいは大国から受けた被害に対するリベンジとして、日本の独自性を一方的に主張するだけでは、米国民に警戒心や不安を抱かせ、米国との関係を悪くさせこそすれ何の益にもならない。根気よく説明し、米国の理解を得ることは、避けて通れない重要なプロセスなのである。もしウィルソン大統領の唱える「民族自決」の原則、すなわち「自由」と「独立」が、「自分自身であること」、「自己以外の何ものにも依存しないこと」を意味するならば、私たちは、日米安保条約改定五〇周年を機に「民族自決」の原則を再提言することにより、自立性を回復し、米国への依存体質を克服するとともに、少なくとも精神面で米国と「対等」になることをめざすべきであろう。

実際に、米国の理解を得るには、想像以上に多くの時間とエネルギーと忍耐が必要であるかもしれない。というのは、この提言が依拠する「国の安全保障」の概念は、米国政府がこれまで常識としてきた「国の安全保障」の概念とは大きく異なっているし、また米国政府は、「総合安全保障政策」として日本政府が重視する「対外援助を『防衛力』の代わりになるものとは考えていない」[9]からである。重要なことは、米国民との折衝に感情を持ち込むことなく、米国を安心させつつ、気長につきあっていくことであろう。

かつて米国の歴史家ウィリアム・A・ウィリアムズは、著書 *The Tragedy of American Diplomacy*(『アメリカ外交の悲劇』)の日本語訳の刊行に際し、「われわれ米国民は、われわれが過去あるいは現在の行為を改めていくことができると忠告してくれる外国の友を必要としている」と筆者に語ったことがある。ウィリアムズの言わんとするところは、米国民は、「米国民の考えや意見の前提に疑問を投げかけてくれたり、米国が直面しているさまざまな問題に別の観点から取り組む方法を提示してくれたりする真の友達を求めている」（傍線は筆者）ということであろう。

そうであるならば、米国民に「自立と共生」のグランド・デザインを説明する際に、日本には米国民の生き方とは違った（あるいは、米国民の生き方に替わりうるもう一つ別の生き方“an alternative way of life”）があること、すなわち「殺生せず、自然と共存しながら生活を営み、人と共に手を取り合って生きることにより、物理的および精神的な安全を確保する」という伝統的な日本人の人生観について、米国民に丁寧にわかりやすく率直に説明することが大切であろう。これまで太平洋の両岸には、易きにつこうとする気持や臆病さ、それに度を越した自尊心、近視眼的な権力欲、相互不信がしばしば見受けられ、それらが、二国間の真の問題に正面から取り組むことを妨げてきたように思われる。このような障害を打ち破るには、人は胸襟を開いて、真の話し合いや討論をする以外に方法はないように思われる。

米国民とつき合っていく上で重要なことは、日本国民が米国民の身になって真剣に考え、米国の問題に対して良いことは良いと言い、間違っていることは間違っていると言う勇気を持ち、米国市民と同じように、あるいはそれ以上に当事者責任を感じながら米国民と意見を交わし、行動することであろう。(10) というのは、そのような態度で米国民に接している限り、たとえそれが耳の痛い発言や辛口の意見であったとしても、米国民は必ずや聞く耳を持ち、彼らからその発言や意見と同じような真摯な対応が返ってくると、筆者は、長年のアメリカ研究やこれまでの滞米経験から信じているからである。

日米関係は日本の外交の基軸であり、今後もそうであり続けるであろう。日本の進路や日本国民の「本音」について、腹を割って気長く説明し、米国民の理解を得ることが、日本が米国と良好な関係を続けていく上で極めて重要である。というのは、その時の国際情勢がどうであれ、また、どの政党が政権を握ろうとも、日本と米国は、共有する価値観と「より完全（more perfect）な」民主主義国をめざすという共通の目標によって固く結ばれた太平洋国家だからである。

あえて繰り返すならば、米国との話し合いや折衝の際には次の点を肝に銘じることが大切である。それは、たとえ日本のアプローチが米国と異なっていようとも、日本が決して米国の脅威にならないことを丁寧に説明し、米国を安心させること、そして「自立と共生」のグランド・デザインの事業を推進する際には、日本が米国と緊密な連絡を取ることを約束することである。これらの点を、米国民に丁寧に粘り強く説明することが極めて重要であり、そうすることにより、日米両国は真に成熟した二国関係の時代に入ると思われる。日本と米国がこのような関係を樹立するとき、両国は尊敬し合うとともに友好的な二国間関係が長く続くことであろう。

要するに、本書の提言は、かつてウィルソン大統領が唱えた「民族自決」の原則を日本国民の「生きざま」に調和させながら実践することを提案するものであり、それ以上でもそれ以下でもない。私たちは、現状維持のためにただ漂流するのでもなく、非武装中立でもなく、また核保有国の仲間入りをして「普通の国」となるのでもない、むしろ「地球人として誇れる日本」をめざし、一歩一歩平和への道を歩むこと、そのために私たちは意識して日常生活の中からその芽を育てる努力をし続けることが重要である。

終わりに、米国の指導者の世界観を含め、本書の第二章と第三章で描いた著者の米国像が、米国との話し合いや折衝の際に参考になれば望外の喜びである。また、本書の「自立と共生」のグランド・デザインの提言が、地球人として誇りを持てるような日本の進路を考える上で、少しでも役に立てればこれまた幸いである。

あとがき

本書は、企画の段階から多くの方々のお世話になった。この場を借りて、一言お礼を申し上げたい。まず、出版の機会を与えてくださった大阪大学出版会と編集部の落合祥堯氏には、温かい励ましの言葉ときめ細かな忠告をいただき感謝申し上げたい。

次に、二〇〇九年五月に母校ウィスコンシン大学を再訪した際に、快く面談に応じ意見交換の機会を与えてくださった同大学名誉教授で恩師のトマス・J・マコーミック先生と、同じくウィスコンシン大学歴史学科で日本史の教鞭をとっておられるルイーズ・ヤング教授、さらに米国側の史料を紹介してくださった読売新聞東京本社の飯山雅史氏、米国ジョージ・ワシントン大学ナショナル・セキュリティ・アーカイブのウィリアム・バーならびにロバート・ワンプラーの両氏、それに資料の収集の際にいつも快くお手伝いしてくださった大阪大学附属図書館の司書の方々にも心よりお礼を申し上げたい。

また、大阪市立大学名誉教授高橋章先生、関西大学教授松原一郎先生、畏友の石川種夫氏には多忙のところ無理をお願いして草稿を読んでいただき、貴重なコメントをいただいた。そして、若者の立場から提言に対する貴重なコメントと意見を述べてくださった大阪大学大学院および学部の学生の諸君にも感謝の言葉を述べたい。

最後に、筆者のエネルギーと元気の源となっている、明るくて賑やかな二人の孫、結衣と依吹に本書を捧げたい。

二〇〇九年一一月一一日午前一一時、九一年前に第一次世界大戦の大砲が鳴り止んだちょうど同じ時刻に、希望ケ丘からアフガニスタンの人々に一日も早く平和と秩序が回復することを祈りつつ……。

松田　武

注

はじめに

（1）この場合の「ユートピア」とは、真に人間的な共同体を他者と協同して建設するという理想をさしている。William Appleman Williams, *The Contours of American History* (Cleveland: The World Publishing Company, 1961) 472.

（2）『朝日新聞』二〇〇八年一一月七日。

（3）この日の特別番組のテーマは「特集・視点―占領七年と日本人」であった。『「赤旗」マスコミ時評二』日本共産党中央委員会出版局（一九八五年）、一〇一頁。

（4）ジョージ・F・ケナン著、近藤晋一、飯田藤次、有賀貞訳『アメリカ外交五〇年』岩波書店（一九九一年）、一五三頁。

（5）ソフト・パワーとは、自国にとって「望ましい結果を手に入れるために、対象国を強制によるのではなく、説得あるいは魅力でもって引き付けて抱き込む」力、特に文化、リーダーシップ、構想力など、計量化しえない能力のことをいう。具体的には、米国のソフト・パワーは、教育・文化交流をはじめ、映画、広告、アメリカ英語、音楽、コンピューター、医薬、それに現代アメリカ文化のあらゆる要素をさしていう。

　ソフト・パワーの概念は、約二〇年前頃から使用されるようになったが、その概念を社会一般に紹介し広めたハーバード大学のジョセフ・ナイ教授によれば、ソフト・パワーの目的は、弱者が強者をより好ましく思い、強者も弱者を好ましく思う、つまり、両者の相互理解を促進することにより、相手国が好きになり、友達になる関係を築くことにあるという。つまり、ソフト・パワーは、軍事力や経済力といった、むきだしの力の差や実益という国益で結ばれた関係ではなく、共有された価値で結ばれる関係をめざし、認識や心を通して、エリート指導者のみならず庶民一般を歴史の大河ドラマに登場させる第三のアプローチと言い換えることができよう。Joseph S. Nye, Jr., *Soft Power: The Means to Success in World Politics* (New York: Public Affairs, 2004). ジョセフ・ナイ著、山岡洋一訳『ソフト・パワー』、日本経済新聞社（二〇〇四年）。

（6）米国のソフト・パワーについては、拙書『戦後日本におけるアメリカのソフト・パワー――半永久的依存の起源』岩波書店（二〇〇八年）を参照。

（7）有賀貞教授は、「日本のアメリカ研究の開拓期の指導者が高木八尺だったとすれば、発展期の指導者は斎藤眞である」と評価した。A五〇日米戦後史編集委員会編『日本とアメリカ』ジャパンタイムズ（二〇〇一年）、六六八頁。

（8）斎藤眞『アメリカ史の文脈』岩波書店（一九八一年）、二九〇頁。

（9）斎藤眞『アメリカ史の文脈』二二一―二二三頁。

（10）連合国軍最高司令官総司令部（GHQ）の高官に接近して、その好感を得るには、まず英語が上手に話せなければならなかったという。特に、米国や英国の大学卒は、GHQに食い入るのに最も有利だったという。松本清張『史観・宰相論』文藝春秋（一九八〇年）、二六〇頁。

（11）『史学雑誌』「回顧と展望」七六編五月号（一九六六年）。

（12）田原総一朗、『朝日新聞』二〇〇〇年八月二六日。

（13）Charles A. Beard, "Written History as an Act of Faith," *American Historical Review* 39-2 (1934): 219–29 を参照。

（14）"Think Otherwise" は、米国ウィスコンシン大学歴史学部の伝統的なモットーとして多くの研究者の間で共有されている。彼らの間では、教授（Professor）とは、「別の視点から語る人（Profess Otherwise）」を意味すると言われている。

第一部

第一章

（1）江口朴郎「現代世界史の思想の流れ」『歴史の現段階』所収、東京大学出版会（一九五八年）、五四頁。

（2）NSC 68: A Report to The National Security Council by The Executive Secretary on United States Objectives and Programs for National Security, April 14, 1950. *Naval War College Review* (May-June 1975).

（3）米国の戦時生産のピーク時には、すべての製造業のほぼ四〇パーセントが戦争努力に傾注され、一九四〇年から一九四五年の米国の戦時生産実績の総額は、三一五八億ドル（一九四五年ドル換算）であった。そのうち軍需品の生産は、一八四五億ドルに達した。その内訳は、四四八億ドルを投じて二九万九〇〇〇機の航空機が生産され、四四一億ドルを投じて七万八〇〇〇隻の艦艇が建造され、そして二〇三億ドルを投じて八万七〇〇〇両の戦車と二四七万台の軍用車が製造された。河村哲二『パックス・アメリカーナの形成―アメリカ「戦時経済システム」の分析』東洋経済（一九九五年）、三九―五三頁。

（4）“United States-Japan Relations and Policy Problems in Asia” Secret Memorandum of Conversation, U.S. Department of States. January 13, 1965, US-J 00448, Japan and the United States: Diplomatic, Security and Economic Relations, 1960–1976, National Security Archive, George Washington University, Washington, D.C.（以下、National Security Archive と略記）。

（5）*Inaugural Addresses of the Presidents of the United States*（Washington, D.C.: U.S. Government Printing Office, 1965）267–70.

（6）ローズヴェルト大統領の「忘れられた人々」の演説については、Franklin D. Roosevelt, “The Forgotten Man,” April 7, 1932〈http://newdeal.feri.org/speeches/1932c.htm〉を参照。

（7）マーシャル計画の援助総額は、経済協力法が成立した一九四八年から以後四年間に、約一三六億ドルに達した。「マーシャル計画」に関しては、大下尚一、有賀貞ほか編『史料が語るアメリカ、一五八四―一九八八』有斐閣（一九八九年）、二〇〇―二〇一頁、Robin W. Winks, *The Marshall Plan and the American Economy*（New York: Holt, Rinehart and Winston, 1960）; Michael Hogan, *The Marshall Plan: America, Britain, and the Reconstruction of Western Europe*（New York: Cambridge University Press, 1987）を参照。

（8）「ポイント・フォー計画」は、一九四九年一月二〇日のトルーマン大統領の就任演説にその起源がある。演説の中でトルーマンは、四つの計画を大統領の任期中に手掛けることを宣言した。その第四番目の計画が「ポイント・フォー計画」であった。大統領は、「われわれは、われわれの科学と産業の進歩を有効に活かし、低開発地域の改善と発展をめざした、新しくて大胆な計画を手掛ける必要がある」ことを強調した。「ポイント・フォー計画」は、三四五〇万ドルの予算で一九五〇年にスタートした。同計画は、低開発地域の疾病予防、農業、および公共事業などを地域住民と協働するために米国民を海外に派遣するもので、後のケネディ政権の平和部隊の先駆的プログラムとなった。*Inaugural Addresses of the Presidents of the United States.* 251–56; Sergei Y. Shenin, *The United States and The Third World: The Origins of Postwar Relations and the Point Four Program*（Huntington, N.Y.: Nova Science Publishers, 2000）を参照。

（9）マックス・ウェーバー著、大塚久雄訳『プロテスタンティズムの倫理と資本主義の精神』岩波書店（一九九一年）、三五二頁。

（10）Warren M. Robins, Department of State, U.S. Advisory Commission on Education Exchange, "Toward An American Global Cultural-Educational-Information Program in the Framework of the Present World Scene" December 14, 1960, Bureau of Educational and Cultural Affairs, Historical Collection, MC number 468, Box 301, File 28, University of Arkansas Libraries.

（11）歴史家の中には、軍事国家を婉曲的に「安全保障国家」と呼ぶ研究者もいる。たとえば、ヴァージニア大学のメルヴィン・P・レフラーがその一人である。Melvyn P. Leffler, *A Preponderance of Power: National Security, the Truman Administration, and the Cold War*（Stanford: Stanford University Press, 1992）; Leffler, "The American Conception of National Security and the Beginning of the Cold War, 1945–1948," *American Historical Review* 89–2（1984）: 346–81.

（12）「トルーマン・ドクトリン」に関しては、大下尚一、有賀貞ほか編『史料が語るアメリカ、一五八四―一九八八』有斐閣（一九八九年）、一九八―一九九頁を参照。

（13）国家安全保障会議は、国家の安全保障と関連した外交政策・軍事政策・国内政策の統合、および政府各機関の活動と国防政策の調整について大統領に助言する米国の最高国防会議で、一九四七年にトルーマン大統領によって設置された。大統領を議長とし、副大統領、国務長官、国防長官で構成され、国家安全保障担当大統領補佐官が事務局長を務める。ほかに、統合参謀本部長、ＣＩＡ長官などが顧問の資格で参加する。国家安全保障会議の詳細については、松田武編著『現代アメリカの外交』ミネルヴァ書房（二〇〇五年）、九三―九四頁。「国家安全保障会議第六八文書」については、NSC 68: A Report to the National Security Council by the Executive Secretary on United States

Objectives and Programs for National Security, April 14, 1950. *Naval War College Review* (May-June 1975); Ernest R. May, ed., *American Cold War Strategy: Interpreting NSC 68* (Boston: Bedford Books of St. Martin's Press, 1993) を参照。
（14）〈http://www.eurus.dti.ne.jp/~freedom 3/usa-def-2004-sai-axx.htm〉
（15）ケナン、前掲書『アメリカ外交五〇年』、二四〇―二四一頁。
（16）ゲイザー報告書の詳細については、山田浩、中谷文彦、山田康博「ゲイザー報告をめぐる若干の考察」『広島平和科学』九（一九八六年）、二一―四四頁を参照。なおこの機会に、同論文の写しを提供してくださった山田康博氏の厚意に感謝したい。
（17）ジョージ・C・ヘリング著、秋谷昌平訳『アメリカの最も長い戦争（上・下）』講談社（一九八五年）、デイビッド・ハルバースタム著、浅野輔訳『（新版）ベスト&ブライテスト（一・二・三）』サイマル出版会（一九八三年）、*America in Vietnam: A Documentary History*. Edited with commentaries by William Appleman Williams, Thomas McCormick, Lloyd Gardner, and Walter LaFeber (New York: W.W. Norton, 1985).
（18）古矢旬『アメリカニズム―「普遍国家」のナショナリズム』東京大学出版会（二〇〇二年）、一三五頁。
（19）二〇〇七年の米国の歳入総額は二兆五四〇〇億ドルで、総歳出額は二兆七八四二億六七〇〇万ドル（二四四一億ドルの赤字）であった。*The World Almanac and Book of Facts 2009* (Pleasantville, N.Y.: World Almanac Books, 2009) 97.
（20）防衛省防衛研究所編『東アジア戦略概観二〇〇九』ジャパンタイムズ（二〇〇九年）、一九七頁。
（21）The U.S. Department of Defense, *Base Structure Report for fiscal year 2007*, cited by Catharine Lutz, The Bases of Empire: *The Global Struggle Against U.S. Military Posts* (New York: New York University Press, 2009).
（22）ケナン『アメリカ外交五〇年』、二五八頁。
（23）大統領のこの発言から、セオドア・ローズヴェルト政権のラテン・アメリカ政策は、別名、「棍棒外交（ビッグ・スティック・ディプロマシー）」として知られている。
（24）ウィリアム・A・ウィリアムズ著、高橋章、松田武、有賀貞訳『アメリカ外交の悲劇』お茶の水書房（一九六八年）、二九七頁。

(25) NSC 68: A Report to the National Security Council by the Executive Secretary on United States Objectives and Programs for National Security, April 14, 1950. 永井陽之助『現代と戦略』文藝春秋（一九八五年）、五四頁。

(26) 永井陽之助『現代と戦略』、五五―五六頁。

(27) トマス・J・マコーミック著、松田武、高橋章、杉田米行訳『(新版) パクス・アメリカーナの五十年』東京創元社（一九九二年）、一七七頁。

(28) トマス・J・マコーミック『パクス・アメリカーナの五十年』、一五二―一五九頁。

(29) ケナン『アメリカ外交五〇年』、二七〇頁。

(30) 軍産複合体についての詳細は、Paul A. C. Koistinen, *The Military-Industrial Complex: A Historical Perspective* (New York: Praeger Publishers, 1980); Carroll W. Pursell, Jr., The Military Industrial *Complex* (New York: Harper & Row, Publishers, 1972); Sindey Lens, *The Military-Industrial Complex* (Pilgrim Press, the trade imprint of United Church Press, Philadelphia, and *The National Catholic Reporter*, Kansas City, Missouri, 1970) を参照。

(31) 人間として最も大切なものは良心であると信じていたD・ソローは、アメリカ＝メキシコ戦争（一八四六年から一八四八年まで）に反対した。別枝篤彦『戦争の教え方―世界の教科書にみる』新潮社（一九八三年）、二四〇―二四一頁。

(32) 米国の政治学者ゴードン・アダムズは、著書『鉄の三角地帯（The Iron Triangle）』（一九八一年）で米国の軍需産業の内幕にメスを入れ注目された。

(33) ケナン『アメリカ外交五〇年』、二五九頁。

(34) 「アイゼンハウアーの告別演説」については、大下尚一、有賀貞ほか編『史料が語るアメリカ、一五八四―一九八八』、二一七―二一八頁を参照。

(35) ケナン『アメリカ外交五〇年』、二五九頁。

(36) ケナン、二六〇頁。

(37) ケナン、二六三頁。

(38) ケナン、二七〇頁。

(39) 一八二一年七月四日、米国独立記念日に行われたジョン・クインジー・アダムズ国務長官の演説の中の表現。同演説の中で、アダムズは、米国が諸外国に影響力を最も効果的に及ぼす方法は、米国の掲げる理想を国内で実現することであると述べ、「良い手本を示すことによる説得力（persuasion by example）」の美徳を説いた。Walter LaFeber, ed. *John Quincy Adams and American Continental Empire* (Chicago: Quadrangle

Books, 1965).
(40) ケナン、二七〇頁。
(41) ケナン、二五八―二五九頁。
(42) 永井陽之助『現代と戦略』、五六頁。
(43) 軍事ケインズ主義の有毒化については、チャルマーズ・ジョンソン「軍事ケインズ主義の終焉」『世界』(二〇〇八年四月)、四四―五二頁を参照。
(44) 連邦政府は、労使間協定を実施させるために、時おり雇用者側に譲歩を強いる介入を行った。たとえば、朝鮮戦争中に起きた一九五二年の鉄鋼スト、それにヴェトナム戦争中の一九六五年の鉄鋼ストなどがそれに当たる。ジョン・ストロマイヤ著、鈴木健次訳『鉄鋼産業の崩壊―ベスレヘム・スチールの教訓』サイマル出版会(一九八六年)、七九―八〇頁。
(45) 谷口智彦『通貨燃ゆ―円・元・ドル・ユーロの同時代史』日本経済新聞社(二〇〇五年)、三五頁。
(46) 谷口智彦『通貨燃ゆ』、二七七頁。
(47) 日高義樹『アメリカの怖さを知らない日本人』PHP研究所(一九九九年)、七二、二七七頁。二〇〇九年の現在、米国の国内総生産(GDP)に占める国内の個人消費の割合は約七〇パーセントに達しているといわれている。
(48) 谷口智彦『通貨燃ゆ』、一八頁。
(49) 谷口智彦『通貨燃ゆ』、一九、二八五頁。
(50) 榊原英資『メルトダウン―二一世紀型「金融恐慌」の深層』朝日新聞社(二〇〇九年)、一二頁。
(51) 榊原英資『メルトダウン』、一三頁。
(52) 谷口智彦『通貨燃ゆ』、九頁。
(53) 日高義樹『アメリカの怖さを知らない日本人』、九三頁。
(54) 日高義樹『アメリカの怖さを知らない日本人』、七六頁。
(55) 二〇〇三年に米国がイラク戦争を始めた原因の一つに、サダム・フセインのユーロ建て原油取引をブッシュ政権が放置できなくなったことがあげられる。サダム・フセインは、二〇〇〇年一一月にイラク産の原油取引決済をこれまでのドル決済からユーロ決済に切り替えた。フセインの取った措置をブッシュ政権は、ドルを基軸通貨の地位から転落させ、米国のヘゲモニーの根幹を揺るがしかねないものと深刻に受け止めた。それ以降、ブッシュ政権は、中東産油国のドル離れをけん制するために、イラクを叩き見せしめにすべく、サダム・フセイン政権の打倒を真剣に考えるようになったと言われている。本山美彦『民営化される戦争』ナカニシヤ出版（二〇〇四年）一五一―一五二頁。ロバート・ベア著、柴田裕之訳『裏切りの同盟―アメリカとサウジアラビアの危険な友好関係』NHK出版（二〇〇四年）。マイケル・T・クレア著、柴田裕之訳『血と油―アメリカの石油獲得戦争』NHK出版（二〇〇四年）。

（56）日米行政協定については、明田川融『日米行政協定の政治史』法政大学出版局（一九九九年）、宮里政玄「行政協定の作成過程」『国際政治』八五（一九八七年）、一二三―一五〇頁を参照。

（57）岸信介首相によると、在日米軍駐留経費負担の問題が、安保条約の改定および日米地位協定締結の最大の課題であったという。"U.S.-Japan Treaty Arrangements" (Visit of Prime Minister Kishi to Washington, D.C., January 17-21, 1960), Christian A. Herter, Jr., U.S. Department of State. Bureau of Far Eastern Affairs, Office of Northeast Asian Affairs. US-J 00021, National Security Archive; Visit of Prime Minister Kishi, January 13, 1960, From Dwight D. Eisenhower to Livingston T. Merchant, U.S. Department of State. Bureau of Far Eastern Affairs, Office of Northeast Asian Affairs. US-J 00024, National Security Archive. 日米地位協定締結以後、米国政府は、在日米軍基地の経常的経費として、年に一〇億ドルを拠出した。それに対して日本政府は、米軍基地の地代などの経費として四億一七〇〇万ドルを拠出していた。"Vice-President Mondale's Visit to Japan," Talking Points/Issues, U.S.-Japan Defense Relationship: Briefing Paper, U.S. Department of State, January 1977, National Security Archive.

（58）"Vice-President Mondale's Visit to Japan," Talking Points/Issues, U.S.-Japan Defense Relationship: Briefing Paper, U.S. Department of State, January 1977, National Security Archive.

（59）「思いやり予算」フリー百科事典『ウィキペディア』〈http://ja.wikipedia.org/〉

（60）元毎日新聞政治部西山太吉記者は、いわゆる「思いやり予算」は、一九七八年に始まったものではないと主張する。西山氏によれば、その起源は、一九七一年六月の沖縄返還協定にからむ日米両政府間の「密約」に遡るという。公式発表では、米国が支払うことになっていた地権者に対する土地現状回復費四〇〇万ドル（時価で約一二億円）を、「実際には日本政府が肩代わりして米国に支払う」というのが、四項目に及ぶ日米間の密約のうちの、沖縄返還をめぐる密約の内容であったという。二〇〇九年一二月一日のＮＨＫテレビ「ニュースウォッチ九」およびＡＢＣテレビ「報道ステーション」での吉野文六・元外務省アメリカ局長、西山太吉両氏インタビュー、それに二〇〇九年一二月一日の沖縄密約情報公開訴訟において証人として行った吉野氏の発言を参照。

(61) 西山・吉野両氏の発言に加えて、米国国務省高官の発言を記載したこの文書からも、日米間に沖縄返還をめぐる上記の密約があったことを窺い知ることができよう。Department of State, "Japanese Background Papers," Record Number 79616, April 4, 1979, National Security Archive.

(62) 政府によるこの種の故意の情報工作（disinformation）は、二〇〇九年一二月二三日に、新聞やテレビのニュース等で明らかになった、沖縄返還の際にニクソン米大統領と佐藤栄作首相の間で取り交わされた「核密約」、それに日本政府による「核密約」の存在の否定の態度はその最たるものであるが、それは、一九八九年に始まった日米構造問題協議（Structural Impediments Initiative, SII）の際にも見られた。

一九八五年のプラザ合意の後、日本の対米貿易黒字は、大幅な円切り上げにもかかわらず増え続けた。米国は、貿易赤字の原因が日米間の社会経済システムの違いや日本社会の閉鎖性にあると断定し、日本は不当に利益を得ていると非難した。そこで、日米間の輸出入を均衡させるため「日米構造問題協議」が始まった。SIIの直訳は、本来ならば「構造障壁イニシアティブ」となる筈であったが、この訳では、米国が日本国内の決定に有無を言わさず介入しているという、日本側にとって容認しがたい「内政干渉」という印象が強いので、このような意味合いを弱めようと外務省は、「障壁」という言葉を削除して、単に「構造問題協議」と訳したという。ガバン・マコーマック著、新田準訳『属国—米国の抱擁とアジアでの孤立』凱風社（二〇〇八年）、八〇頁。

(63) 都留重人『日米安保解消への道』岩波書店（一九九六年）、七四頁。

(64) 都留重人『日米安保解消への道』、七五頁。

(65) Ellen L. Frost, Deputy Assistant Secretary, International Economic Affairs, Department of Defense, to Congressman Lucien N. Nedzi, House of Representatives, December 7, 1978, Record Number 87116, National Security Archive.

(66) 都留重人『日米安保解消への道』、七五頁。

（67）Christopher T. Sandars, *America's Overseas Garrisons: The Leasehold Empire*（New York: Oxford University Press, 2000）.

（68）〈www.mofa.go.jp/mofaj/area/usa/data.html〉

（69）この後すぐ、アーミテージはブッシュ政権の国務次官の地位に就いた。ガバン・マコーマック『属国』、一〇〇頁。

第二章

（1）一九三〇年代の大恐慌において、米国の国民総生産額はほぼ半減し、失業率は二五パーセントを超えた。

（2）ウィリアムズ『アメリカ外交の悲劇』、二九六頁。

（3）「強烈なイデオロギー闘争」とは、一六四二年から一六四九年のピューリタン（清教徒）革命、それに一六八八年から一六八九年の名誉革命を指している。

（4）石川好『親米反米嫌米論』新潮社（一九九二年）、四九頁。

（5）石川好『親米反米嫌米論』、四九頁。

（6）J. Morden Murphy of Bankers Trust Company, "Japanese Peace Treaty Problems: Progress toward Framing a Peace Treaty with Japan," Second Meeting, Council on Foreign Relations Study Group Report, November 27, 1950, p. 7, Manuscript Division, Council on Foreign Relations, New York.

（7）鮎川信夫・石川好『アメリカとＡＭＥＲＩＣＡ』時事通信社（一九八六年）、一九三頁。

（8）「ザ・フェデラリスト」第一〇論文、大下尚一、有賀貞ほか編『史料が語るアメリカ、一五八四―一九八八』有斐閣、四八―五一頁。

（9）Richard W. Van Alstyne, "Empire in Mid-passage," in William A. Williams, ed., *From Colony to Empire*（New York: John Wiley & Sons, 1975）5より引用。

（10）ウィリアムズ『アメリカ外交の悲劇』、二九六頁。

（11）William C. Foster, quoted in Williams, "The Frontier Thesis and American Foreign Policy," Henry W. Berger, ed., *A William Appleman Williams Reader*（Chicago: Ivan R. Dee, 1992）102.

（12）"Speech by Deputy Assistant Secretary of State Kenneth Dam at the Japan Society," February 6, 1984, Record Number 78331, National Security Archive.

（13）Department of State, "Japanese Background Papers," Record Number 79616, April 4, 1979, National Security Archive.

(14) 松本清張『史観・宰相論』文藝春秋（一九八〇年）、二五二頁。

(15) H・J・マッキンダー著、曽村保信訳『マッキンダーの地政学―デモクラシーの理想と現実』原書房（二〇〇八年）。

(16) "Japanese Peace Treaty Problems," First Meeting, October 23, 1950. Council on Foreign Relations Study Group Report, Manuscript Division, Council on Foreign Relations, New York.

(17) Ellen L. Frost, Deputy Assistant Secretary, International Economic Affairs, Department of Defense, to Congressman Lucien N. Nedzi, House of Representatives, December 7, 1978, Record Number 87116, National Security Archive.

(18) Craig Richardson, Information Memorandum, "Security Assistance Program-Japan," Defense Security Assistance Agency, July 20, 1987, Record Number 88101, National Security Archive.

(19) Robert S. Schwantes, Japanese and Americans: A Century of Cultural Relations（New York: Harper and Brothers, 1955）43. ロバート・シュワンテス、石川欣一訳『日本人とアメリカ人―日米文化交流百年史』創元社（一九五七年）。

(20) 吉田茂『回想十年』第三巻、新潮社（一九五七年）、一一三頁。

(21) 前掲書、一一五頁。

(22) 同時多発テロ事件が二〇〇一年九月一一日にニューヨークとワシントンで発生した時、筆者は首都ワシントンに滞在していた。その時、多くの米国市民の口から「パール・ハーバー」の言葉が漏れ聞かれた。

(23) 永井陽之助『現代と戦略』、一八一頁。

(24) Michael Schaller, "The United States, Japan, and China at Fifty." Akira Iriye and Robert A. Wampler, eds., *Partnership: The United States and Japan, 1951–2000*（Tokyo: Kodansha International, 2001）39.（細谷千博・有賀貞監訳『日米戦後関係史　一九五一―二〇〇一』講談社インターナショナル、二〇〇一年）。米西戦争の勝利によってフィリピン、プエルト＝リコ、グアム島を獲得した時と同じように、日米戦争で多くの血を流して手に入れた、日本に対する「特権」を無条件で放棄することは、大多数の米国民には想像すらできないことであった。

(25) Working Paper No. 12, The Far East, April 27, 1954, Record Group III 2Q OMR files, Box 8, Folder 55,

Rockefeller Archive Center, Sleepy Hollow, New York.（以下、ＲＡＣと略記）

（26）“JAPAN BETWEEN EAST AND WEST” Council on Foreign Relations Discussion Report, Sixth Meeting, May 31, 1956, p.5, Manuscript Division, Council on Foreign Relations, New York.

（27）“JAPAN BETWEEN EAST AND WEST” Council on Foreign Relations Discussion Report, First Meeting, April 17, 1956, p. 7, Manuscript Division, Council on Foreign Relations, New York.

（28）Ibid.

（29）Ibid.

（30）“JAPAN BETWEEN EAST AND WEST” Council on Foreign Relations Discussion Report, First Meeting, April 17, 1956. この議論は半世紀以上も前のものであるが、しかし、半世紀以上も前のこの議論と、沖縄の米軍基地問題をめぐる最近の米国政府の鳩山政権への対応の間には、偶然以上の通底するものがあることに気付くであろう。

（31）Ibid.

（32）現在、日米両政府間で懸案となっている沖縄の普天間米軍基地の「国外」移転の問題について、米軍基地の「国外」移転は、米国にとって次のような意味を持っていると思われる。

　一つは、米国が日本の要求に少しでも譲歩すれば、それが由々しい負の連鎖反応を起こしかねないことを、米国政府が危惧しているということである。すなわち、日本の「国外移転」の要求を聞き入れることは、米国の前方展開軍基地を西太平洋地域（グアムあるいはハワイ）まで後退させ、前方展開軍基地が第二次世界大戦前の状態に戻ること、それは、太平洋戦争における勝利の遺産の「喪失」を象徴的に意味するだけでなく、そのことが、米国のヘゲモニーの衰退を世界各国に目に見える形で印象づけるとともに、「核抑止力」に基づくヘゲモニー国家としての米国の信用にマイナスの影響をアジア諸国やヨーロッパ諸国、特にオーストラリア、ニュージーランドに及ぼしかねないこと、二つは、戦後の日米交渉過程において、米国は、日米関係の根幹、あるいは米国の国益の中核に触れるような日本の要求を、これまで強い態度で突っぱねる方針で臨んできたことから、今回、鳩山政権の要求を聞き入れることは、それが政権交代すれば日本の要求が聞き入れられる可能性があるといった「誤った」メッセージを日本国民に送ることになる一方、日本国内および世界各地において米軍基地反対闘争を展開している反米勢力を勢いづけることにもなり、それが今後の日米関係の悪しき前例になると危惧されていること、以上が、米国にとって沖縄普天間米軍基地の「国外移転」問題のもつ象徴的な意味であるといえよう。

（33）“Speech by Secretary of War Kenneth C. Royall on U. S. Policy for Japan,” San Francisco, January 6, 1948（細谷千博ほか編『日米関係資料集一九四五—九七』東京大学出版会（一九九九年）、四六—四八頁）。

（34）CFR Study Reports “Japanese Peace Treaty Problems” First Meeting, October 23, 1950, Council on Foreign Relations Manuscript Division, Council on Foreign Relations, New York.

（35）“JAPAN BETWEEN EAST AND WEST” Council on Foreign Relations Discussion Report, Sixth Meeting, May 31, 1956.

（36）“JAPAN BETWEEN EAST AND WEST” Council on Foreign Relations Discussion Report, First Meeting April 17, 1956.

（37）Michael Schaller, “The United States, Japan, and China at Fifty.” Akira Iriye and Robert A. Wampler, eds., *Partnership: The United States and Japan, 1951–2000*（Tokyo: Kodansha International, 2001）55–56.

（38）Michael Schaller, *Altered States: The United States and Japan Since the Occupation*（New York: Oxford University Press, 1997）243.

（39）Michael Schaller, *Altered States*, 223.

（40）“JAPAN BETWEEN EAST AND WEST” Council on Foreign Relations Discussion Report, Sixth Meeting May 31, 1956.

（41）CFR Study Reports: “Japanese Peace Treaty Problems” Fourth Meeting, January 22, 1951.

（42）George S. Franklin, Jr. to John Foster Dulles, October 24, 1950, Council on Foreign Relations Manuscript Division, Council on Foreign Relations, New York.

（43）John Foster Dulles, CFR Study Group Reports “Japanese Peace Treaty Problems” First Meeting Oct. 23, 1950.

（44）CFR Study Reports: “Japanese Peace Treaty Problems” Third Meeting, December 18, 1950.

（45）CFR Study Reports: “Japanese Peace Treaty Problems” First Meeting, October 23, 1950.

（46）CFR Memorandum for the Committee on Studies from Robert S. Schwantes “Proposal For a Study of Japanese-

American Cultural Relations", undated, Council on Foreign Relations Manuscript Division, Council on Foreign Relations, New York.

(47) "JAPAN BETWEEN EAST AND WEST" Council on Foreign Relations Discussion Report, Third Meeting May 7, 1956.

(48) CFR Memorandum for the Committee on Studies from Robert S. Schwantes "Proposal For a Study of Japanese-American Cultural Relations", undated.

(49) CFR Study Reports: "Japanese Peace Treaty Problems" Third Meeting, December 18, 1950.

(50) CFR Study Reports: "American Cultural Relations with Japan" Sixth Meeting, June 3, 1953.

(51) CFR Study Reports: "American Cultural Relations with Japan" Sixth Meeting, June 3, 1953; "Japanese-American Cultural Relations," July 27, 1953, folder 447, box 50, series 1-OMR files, record group 5 (John D. Rockefeller 3 rd), Rockefeller Family Archives, RAC.

(52) "Japanese-American Cultural Relations" July 27, 1953, p. 4, folder 447, box 50, series 1-OMR files, record group 5 (John D. Rockefeller 3 rd), Rockefeller Family Archives, RAC.

(53) Saxton Bradford, USPOLAD, Tokyo to the Department of State, DESP. No. 370, September 7, 1951, 511.94/9–751, U.S. Department of State, National Archives and Records Administration (以下、ＮＡＲＡと略記)。

(54) Robert S. Schwantes, *Japanese and Americans* 43.

(55) CFR Memorandum for the Committee on Studies from Robert S. Schwantes "Proposal For a Study of Japanese-American Cultural Relations", undated.

(56) Francis J. Colligan, "The Government and Cultural Interchange," *The Review of Politics*, 20:4 (1958): 564.

(57) Report to Ambassador Dulles, April 16, 1951, folder 446, box 49, series 1-OMR files, record group 5 (John D. Rockefeller 3 rd), Rockefeller Family Archives, RAC.

(58) Francis J. Colligan, "The Government and Cultural Interchange," *The Review of Politics,* 20:4 (1958): 564.

(59) リチャード・Ｔ・アーレント「米国の文化外交―きわどいバランス」『国際問題』三八八(一九八八年五月)、四六頁。Howard R. Ludden, "The International Information Program of the United States: State Department Years, 1945–1953." Diss. Princeton University, 1966.

(60) U.S. Department of State, Secretary's Seventh

Semiannual Report 46, Ludden, "International Information Program of the United States." 157.

（61）Walter L. Hixson, *Parting the Curtain: Propaganda, Culture, and the Cold War, 1945–1961*（London: Macmillan, 1997）16.

（62）Walter L. Hixson, *Parting the Curtain,* 5; Rosemary O'Neil, "A Brief History of Department of State Involvement in International Exchange," fall 1972, Bureau of Educational and Cultural Affairs Historical Collections Division, University of Arkansas Libraries, Fayetteville, Arkansas.

（63）拙書『戦後日本におけるアメリカのソフト・パワー』、一五一頁。

（64）"Guideline of U.S. Policy toward Japan," Secret Policy Paper, May 3, 1961. U.S. Department of State, US-J 0098, Japan and the United States: Diplomatic, Security and Economic Relations, 1960–1976, National Security Archive.

（65）Warren Obruck, "The Development of American Studies in Japan: As Observed from an American Point of View"『東京大学アメリカ研究資料センター年報』第八号（一九八五年）、一一七頁。

（66）コンロン報告書とは、アメリカ合衆国上院外交委員会の委託を受けてコンロン・アソシエーツ社が作成した『アジアの現状―アメリカの政策』という題の報告書である。Conlon Associates Ltd., *United States Foreign Policy: Asia,* Studies prepared at the request of the Committee on Foreign Relations, U.S. Senate, November 1, 1959（Washington D. C.: Government Printing Office, 1959）101.その邦訳書である『アジアの現状―アメリカの政策』が、一九五九年に時事通信社より出版された。

（67）Conlon Associates Ltd., *United States Foreign Policy: Asia,* 96.

（68）ケナン『アメリカ外交五〇年』、二四一、二四三頁。

（69）"Memorandum of Conversation between President Nixon and Foreign Minister Aichi Kiichi," June 2, 1969, US-J 01080; Memorandum of Conversation, VIP Visits, Visit of Prime Minister Sato Eisaku, November 19–21, 1969, Box 924, NSC Files（National Security Council Files）, Box 6, NARA.

（70）"Strong Support in Japan for Establishing an Understanding with Mainland China," From Lyndon B. Johnson to Bromley K. Smith, U.S. National Security

Council, January 28, 1964, US-J 00311, National Security Archive.

（71）この軍事援助計画（The Military Assistant Program for Japan）は、一九六四会計年度で終わり、軍事物資の受渡しは一九六七年に完了した。Craig Richardson, Information Memorandum, "Security Assistance Program-Japan," Defense Security Assistance Agency, July 20, 1987, Record Number 88101, National Security Archive.

（72）"Military Offset Agreements Proposal," U.S. Department of State to Edwin O. Reischauer, November 21, 1962, US-J 00184, National Security Archive.

（73）"Memorandum for the NSC Review Group on NSSM-5: Japan," U.S. National Security Council Review Group to John C. Coleman and Anthony J. Jurich, April 25, 1969, US-J 01060, National Security Archive.

（74）Department of State, "Japanese Background Papers," April 4, 1979, Record Number 79616, National Security Archive.

（75）"Memorandum for Secretary of Defense," Robert W. Komer to Harold Brown, Attachment From Dr. David L. Blond, Economist, to Dr. Lewis, "U.S.-Japan Defense Relations," June 5, 1979, Record Number 87111, National Security Archive.

（76）"Memorandum for the President, Japan's Access to U.S. Defense Technology," The Secretary of Defense（Harold Brown）, U.S. Department of Defense, March 1, 1979, Record Number 87108, National Security Archive.

（77）"Memorandum for Secretary of Defense," Robert W. Komer to Harold Brown, Attachment From Dr. David L. Blond, economist, to Dr. Lewis, "U.S.-Japan Defense Relations," June 5, 1979, Record Number 87111, National Security Archive.

（78）Ibid.

（79）日本政府の国防会議は、一九七七年一二月二八日に、次期戦闘機Ｆ15と次期対潜哨戒機Ｐ３Ｃの導入を決定していた。Ｆ15戦闘機一機当たりの購入価格は、Ａ／Ｂ型で二七九〇万ドル、Ｃ／Ｄ型で二九九〇万ドル、Ｊ／ＤＪ型で八六億から一〇一億五六〇〇万円するという。詳しくは、〈http://ja.wikipedia.org/wiki/F-15〉を参照。

（80）米国政府は、一九八一年六月のハワイ協議において、一二五機のＰ３Ｃの購入を日本に要求した。現行のＰ３Ｃは、一九八一年に米国から導入を開始したプロペラ機である。その完成機は一機当たり六三億円、部品込みで七五億円であるという。現在、海上自衛隊の保有数は九七機で、作戦実働は八〇機である。〈http://wikipedia.atpedia.jp/wiki/P-3〉; 吉原公一郎『日本の兵器産業』ダイヤモンド社（一九八二年）二二九頁、一七四頁。

（81）日高義樹『アメリカの怖さを知らない日本人』、二一五頁。

（82）ケナン『アメリカ外交五〇年』、二三九頁。米国民の無私で自己否定的な資質は、一八九八年四月一九日の「テラー修正条項（The Teller Amendment）」にも表れている。同修正条項とは、ウィリアム・マッキンレー米大統領が同年四月一一日に議会に送った対スペイン「戦争教書」に対し、「米国にはキューバ併合の意図のないこと」を宣言した議会決議のことである。

（83）CFR "Japanese Peace Treaty Problems" Fifth Meeting, February 28, 1951; U.S. Department of State, Bureau of Far Eastern Affairs, Office Northeast Asian Affairs, "Guidelines of U.S. Policy toward Japan," May 3, 1961, US-J 00098, National Security Archive.

（84）CFR "Japanese Peace Treaty Problems" Fifth Meeting, February 28, 1951.

（85）日高義樹『アメリカの怖さを知らない日本人』、二二二頁。

（86）"The Future of Japan," U.S. Department of State. Policy Planning Council, May 11, 1964, US-J 00321, National Security Archive.

（87）"Background Paper on Factors Which Could Influence National Decisions concerning Acquisition of Nuclear Weapons," U.S. Department of State, December 12, 1964, US-J 00374, National Security Archive.

（88）"U.S. Defense Department Comments on State Department Study 'The Future of Japan' Attached," Roger Hilsman, Jr. to Peter Solbert, January 31, 1964, US-J 00312, National Security Archive.

（89）"Japan-America-Prospects as of Late Summer, 1962," U.S. Department of Japan to Edwin O. Reischauer, September 21, 1962, US-J 00171, National Security Archive.

（90）"Memorandum for the President, Japan's Access to U.S. Defense Technology," The Secretary of Defense（Harold Brown）, U.S. Department of Defense, March 1, 1979, National Security Archive.

（91）"U.S. Defense Department Comments on State Department Study 'The Future of Japan' Attached,"

Roger Hilsman, Jr. to Peter Solbert, January 31, 1964, US-J 00312, National Archive.

（92）Department of State, "Japanese Background Papers," April 4, 1979, Record Number 79616, National Security Archive. 実際に米国は、防衛関連システムのいくつかをＮＡＴＯ諸国とこれまで共同生産してきたが、日本には容認してこなかった。米国が日本との共同生産に踏み切ったのは、日本が同種の機器を国内で開発してからのことであった。"Response to Questions for the Record," From Richard W. Komer to Senator John Glenn, Chairman, Subcommittee on East Asian and Pacific Affairs, Committee on Foreign Relations, United States Senate, July 31, 1980, Record Number 87123, National Security Archive.

（93）エドウィン・ライシャワーの発言「アメリカは『安保』を廃棄する」『文藝春秋』（一九七二年四月）、一四四頁。

（94）米国では、これら二つの立場をめぐってこれまで論争が繰り返されてきたが、最近では、『フォーリン・アフェアーズ』誌上で論争が、ジョゼフ・Ｓ・ナイ、チャルマーズ・ジョンソンとＥ・Ｂ・キーンの間で繰り広げられた。Joseph S. Nye, Jr., "East Asian Security: The Case for Deep Engagement," *Foreign Affairs* 74–3（1995）: 90–102; Chalmers Johnson and E. B. Keehn, "East Asian Security: The Pentagon's Ossified Strategy," *Foreign Affairs* 74–3（1995）:103–14.

第三章

（1）Memorandum of Conversation, Kissinger and Zhou, 9 July 1971, Top Secret/Sensitive/Exclusively Eyes Only. Source: NPMP, National Archives, Nixon Presidential Materials Project, NSCF, National Security Council file, box 1033, China HAK Memcons July 1971. いわゆる「『資本主義の論理』と『人道主義の感情』が手を結ぶ」ケースは、米国の対外政策史上、枚挙にいとまがない。その一例に、一八九八年、「自由キューバ（Free Cuba）」、すなわちキューバ解放の掛け声の下に戦った米西戦争がある。

（2）Sydney E. Ahlstrom, "The Puritan Ethic and the Spirit of American Democracy," in George L. Hunt ed., Calvinism and the Political Order（Philadelphia: The Westminster Press, 1965）88.

（3）実際に、ボストン市にあるマサチューセッツ州議事堂は、ビーコン・ヒル（Beacon Hill「遠くからでもよく見える丘」という意味）という名前の丘に立っている。

（4）Arthur S. Link, "Woodrow Wilson: Presbyterian in Government" in George L. Hunt ed., *Calvinism and the Political Order* 171.

（5）ケナン『アメリカ外交五〇年』、一二五三頁。

（6）Paul A. Varg, *Missionaries, Chinese, and Diplomats* (Princeton: Princeton University Press, 1958) 231.

（7）一九四一年から一九四五年の間の援助総額は、四九〇億ドルに達したといわれている。藤岡惇「米国における冷戦経済の形成」『立命館経済学』第四六巻・第四号、三五〇頁。

（8）"United States-Japan Relations and Policy Problems in Asia," Secret Morandum of Conversation, U.S. Department of States. January 13, 1965, US-J 00448, National Security Archive.

（9）谷口智彦『通貨燃ゆ』、一六三頁。

（10）谷口智彦『通貨燃ゆ』、一九〇—一九一頁。

（11）"U.S.-Japan Relations: Japan-ROK Settlement Prospects," Confidential Memorandum, Office of East Asian Affairs, Bureau of Far Eastern Affairs, November 26, 1963, U.S. Department of State, US-J 00285, National Security Archive.

（12）"United States-Japan Relations and Policy Problems in Asia," Secret Morandum of Conversation, January 13, 1965, U.S. Department of States, US-J 00448, National Security Archive.

（13）Arthur S. Link, "Woodrow Wilson: Presbyterian in Government" in George L. Hunt ed., *Calvinism and the Political Order*. 166.

（14）「『勝・負』と『正・不正』は互いにまったく別な次元にある。正しいから勝つのでもなければ、勝ったから正しいものでもない。〝正義の戦争〟ということばはまやかしである」と語る内村剛介氏の発言は、米国や日本だけでなく、あらゆる国に当てはまる。内村剛介『生き急ぐ』あとがき、三省堂新書（一九六七年）。

（15）一般に、自国に敵対する国あるいは民族を悪魔視する傾向は、どの国民にも見られ、米国民に限ったものではない。たとえば、詩人村野四郎は、一九四一年に米国のことを「悪徳の牙城」とか「妖魔」と表現した。『讀賣新聞』一九四一年一二月一六日、鶴見俊輔「日本知識人のアメリカ像」『中央公論』一九五六年七月号、一七一頁。そして、敵国を悪魔視する傾向は、戦時において特に顕著になる。ジョン・W・ダワー著、斎藤元一訳『人種偏見』ＴＢＳブリタニカ（一九八七年）を参照。

（16）『ニューヨーク・タイムズ』紙、二〇〇二年二月二四日。

（17）『ワシントン・ポスト』紙、二〇〇二年二月一七日。

（18）日高義樹『アメリカの怖さを知らない日本人』、四二頁。

（19）William Appleman Williams, *Empire As a Way of Life* (New York: Oxford University Press, 1980).

（20）William Appleman Williams, *The Contours of American History,* 474.

（21）ウィリアムズは、自由主義的民主主義と自由市場経済を合わせて、米国の「ポリティカル・エコノミー」と呼ぶ。

（22）ケナン、『アメリカ外交五〇年』、二四六頁。

（23）谷口智彦『通貨燃ゆ』、四〇頁。

（24）The Office of the Historians, U.S. Department of State, Nixon-Ford Administrations, Volume III Foreign Relations of the United States, 1969–1976: Foreign Economic Policy 1969–1972; International Monetary Policy, 1969–1972 (Washington, D. C.: U.S. Government Printing Office, 2001), Document No. 155; 谷口智彦『通貨燃ゆ』、四七頁。

（25）Robert Gilpin, The Political Economy of International Relations (Princeton: Princeton University Press, 1987) 140; 谷口智彦『通貨燃ゆ』、三三五頁。

（26）William Appleman Williams, *The Great Evasion* (Chicago: Quadrangle Books, 1964).

（27）一八六二年に成立した法律で、自作農創設法とも呼ばれる。公有地に開拓後、五年以上居住した年齢二一歳以上の米国民に一六〇エーカーの土地を無償で与えることを規定した。

（28）Norman A. Graebner, ed., *Manifest Destiny* (Indianapolis: The Bobbs-Merrill Co., 1968) 298.

（29）“Secret Policy Paper, NSSM-12, Policy toward Japan: Part One: Political, Psychological, and Security Aspects of the Relationship,” June 1971, National Security Council, US-J 01391, National Security Archive.

（30）『ワシントン・ポスト』紙、二〇〇二年二月一七日。

（31）『ニューヨーク・タイムズ』紙、二〇〇二年二月二四日。

（32）谷口智彦『通貨燃ゆ』、一八四頁。

（33）谷口智彦『通貨燃ゆ』、四七頁。

（34）The U.S. Department of the Treasury, “U.S.-Japan

Trade Subcommittee Meeting, December 9–10, 1981: Scope Paper," December 9, 1981, Record Number 76117, National Security Archive.

（35）一九八一年一二月時点での日本の米国市場占有率は、以下のとおりである。自動車は二一パーセント、オートバイは六五パーセント、ラジオは四六七パーセント、写真機器は二九パーセント、ビデオテープ・レコーダーは一〇〇パーセント、時計は一四パーセント、機械器具は一一パーセント。"Japanese Trade Barrier," Memorandum for the President, From William E. Brock, U.S. Trade Representative, December 18, 1981, Record Number 76088, National Security Archive.

（36）"U.S.-Japan Meeting," From Marc E. Leland, Assistant Secretary for International Affairs, Department of the Treasury to Donald T. Regan, Secretary of the Treasury, December 18, 1981, Record Number 76088, National Security Archive.

（37）中西輝政「『基地なき安保』は可能か」、江藤淳編『日米安保で本当に日本を守れるか』ＰＨＰ研究所（一九九六年）、五一頁。

（38）"Ambassador Reischauer's Assessment of U.S.-Japan Relations: Part IV," August 7, 1961, US-J 00128, National Security Archive.

（39）"The Future of Japan" Secret Minutes, U.S. Department of State, Policy Planning Council, May 11, 1964, US-J 00321, National Security Archive.

（40）"How Do We Live with Japan?" Confidential Information Memorandum, From Elliot L. Richardson to Philip H. Trezise, U.S. Department of State Assistant Secretary for Economic Affairs, October 2, 1969, US-J 01127, National Security Archive.

（41）Roger Hilsman to Acting Secretary, August 9, 1963, NSC Japan Presentation, US-J 00263, National Security Archive.

（42）Roger Hilsman to Acting Secretary, August 9, 1963, NSC Japan Presentation, US-J 00263, National Security Archive.

（43）谷口智彦『通貨燃ゆ』、四三頁。

（44）谷口智彦『通貨燃ゆ』、一七頁。

（45）舟橋洋一『通貨烈烈』朝日新聞社（一九八八年）、一一六頁。

（46）Telegram, From Secretary of Defense Harold Brown to President Jimmy Carter, January 14, 1980, Record Number 87124, National Security Archive.

第二部

第四章

（1）この他の歴史の捉え方として、歴史の「進歩」観と「混沌」説がある。Charles A. Beard, "Written History as an Act of Faith," *American Historical Review* 39-2 (1934) : 219-29 を参照。

（2）この代表的なものとして、細谷千博編『日米関係通史』東京大学出版会（一九九五年）、細谷千博・本間長世編『（新版）日米関係史―摩擦と協調の一四〇年』有斐閣（一九九一年）、藤田文子『北海道を開拓したアメリカ人』新潮社（一九九三年）などがある。

（3）明治期には日本から留学する学生の半数以上が米国へ留学したという。細谷千博・本間長世編『（新版）日米関係史―摩擦と協調の一四〇年』、三頁。

（4）「友好と対立」の循環説に似たもう一つの捉え方に、「劣等感と優越感」の循環説がある。国民の心理面から捉えるこの見方によると、開国から第一次世界大戦後までを「民族的劣等感」の時期、一九三〇年代を「民族的優越感」の時期、敗戦から一九六〇年までを再び「民族的劣等感」の時期、そして経済大国の地位に上り詰めた一九七〇年代以降を「民族的優越感」の時期として、大きく時期区分する。この二項対立的「劣等・優越」の思考は、戦前・戦後の日本の知識人に共通する最も根深い問題である。というのは、一九三〇年代ならびに一九七〇年代以降の「優越感」は、国民の心の底に潜む「劣等感」を裏返したものであるからである。鶴見俊輔「日本知識人のアメリカ像」『中央公論』一九五六年七月号、一七〇―一七八頁。

（5）Laura E. Hein, "Free-Floating Anxieties on the Pacific," *Diplomatic History* 20 (summer 1996) : 411-37; ジョン・W・ダワー「日本を測る」『思想』一九九五年一〇月、六七―八九頁。ジョン・W・ダワー「日本社会像の現在」朝尾直弘、網野善彦、石井進、鹿野政直、早川庄八、安丸良夫編「岩波講座日本通史別巻一」『歴史意識の現在』岩波書店（一九九五年）、二一五―二四七頁。

（6）中山伊知郎『日本の近代化』講談社、一九六五年、マリウス・B・ジャンセン編、細谷千博編訳『日本における近代化の問題』岩波書店（一九六八年）、S・N・アイゼンシュタット著、大森弥他訳『近代化の政治社会学』みすず書房（一九六八年）、金原左門『「日本近代化」論の歴史像』中央大学出版部（一九六八

年）、鹿野政直『日本近代化の思想』研究社（一九七二年）、神島二郎編『近代化の精神構造』評論社（一九七四年）、H＝U・ヴェーラー著、山口定、坪郷実、高橋進訳『近代化理論と歴史学』未来社（一九七七年）。

（7）エズラ・F・ヴォーゲル著、広中和歌子、木本彰子訳『ジャパン・アズ・ナンバーワン』TBSブリタニカ（一九七九年）、チャーマーズ・ジョンソン著、矢野俊比古監訳『通産省と日本の軌跡』TBSブリタニカ（一九八二年）。Walter LaFeber, *The Clash: U.S.-Japanese Relations Throughout History* (New York: W. W. Norton, 1997).

（8）ポストモダニズム接近法の有望性と問題点をめぐる議論については、石田雄『社会科学再考』東京大学出版会（一九九五年）、一二三―一三二頁。Masao Miyoshi and Harry D. Harootunian, eds., *Learning Places: The Afterlives of Area Studies* (Durham, N.C.: Duke University Press, 2002); Miyoshi and Harootunian, Postmodernism and Japan; Rey Chow, "Theory, Area Studies, Cultural Studies: Issues of Pedagogy in Multiculturalism," in *Learning Places: The Afterlives of Area Studies*, ed. Masao Miyoshi and Harry D. Harootunian, 113を参照。

（9）二瓶敏「日本資本主義の戦後再編と危機の進行」『土地制度史学』四一号（一九六八年）、一―二三頁、大石嘉一郎「戦後改革と日本資本主義の構造変化―その連続説と断絶説」東京大学社会科学研究所編『戦後改革』東京大学出版会（一九七四年）、六三―九七頁、大島雄一「戦後改革把握の基礎視点」歴史科学協議会編『歴史評論』三三二号（一九七七年一二月）、八四―八七頁。

（10）斎藤眞「草創期アメリカ研究の目的意識―新渡戸稲造と『米国研究』」細谷千博・斎藤眞編『ワシントン体制と日米関係』東京大学出版会（一九七八年）、五七七―六〇二頁、斎藤眞「アメリカ研究の礎石―高木八尺」細谷千博監修・A五〇日米戦後史編集委員会編『日本とアメリカ―パートナーシップの五〇年』ジャパンタイムズ（二〇〇一年）、六五二―六六二頁、有賀貞「戦後の日本におけるアメリカ研究」細谷監修・A五〇日米戦後史編集委員会編『日本とアメリカ―パートナーシップの五〇年』、六六二―六七一頁。

（11）佐渡谷重信『アメリカ精神と日本文明』潮出版社（一九七六年）、一一三頁。

（12）日米二国の国内総生産高（二〇〇五年現在、日本

は四兆五五四五億ドル、米国は一二兆三九七九億ドル）を合計した額は、全世界の三分の一を超える一方、日米間の貿易額は、自由世界の貿易総額の約二〇パーセントを占めている。『〈第六五版〉日本国勢図会』二〇〇七／〇八、矢野恒太郎記念会編集・発行（二〇〇七年）、九六頁。

第五章

（1）農林統計協会「農業白書附属統計表」（一九九八年度）〈http://www.agriworld.or.jp/agrin/agrin 1/rate.html〉

（2）U.S. National Security Council, "U.S. Policy toward Japan," June 11, 1960, US-J 00052, National Security Archive.

（3）U.S. Department of State to Douglas MacArthur II, "Japan," April 8, 1961, US-J 00090, National Security Archive.

（4）"Guidelines of U.S. Policy toward Japan," U.S. Department of State, Bureau of Far EasternAffairs, Office Northeast Asian Affairs, May 3, 1961, US-J 00098, National Security Archive.

（5）ロナルド・ドーア＝猪木正道対談「日本の対米依存をどうみるか」『世界』一九九一年五月号、一四六―一五七頁。

（6）ロナルド・ドーア＝猪木正道対談「日本の対米依存をどうみるか」『世界』一九九一年五月号、一四六―一五七頁。

（7）中江兆民著、桑原武夫、島田虔次訳『三酔人経綸問答』岩波文庫（二〇〇七年）、四四―四五頁。

（8）ディーン・アチソン著、吉沢清次郎訳『アチソン回顧録』恒文社（一九七九年）、九二頁。

（9）谷口智彦『通貨燃ゆ』、二三六頁。

（10）平和思想については、鶴見俊輔編・解説『平和の思想』筑摩書房（一九六八年）、二三頁、田畑忍編著『近現代日本の平和思想』ミネルヴァ書房（一九九三年）を参照。

（11）"Confidential-Security Information," USIE Country Plan-Japan, December 4, 1951, 511.94/12–451, National Archives, NARA.

（12）ダチョウは、追い詰められると砂に頭を突っ込んで隠れたつもりでいる（bury its head in the sand）という俗信から、現実を直視しようとしない態度を、一般にダチョウ症候群と言う。

（13）経済協力開発機構。一九六一年に発足した西側先進諸国の経済協力機構で、事務局はパリにある。

Organization for Economic Cooperation and Developmentの略。

(14) ガバン・マコーマック『属国―米国の抱擁とアジアでの孤立』、七八―七九頁。

(15)「自立と共生」のグランド・デザインを支える考え方として、筆者は、イヴァン・イリイチ著、玉野井芳郎・栗原彬訳『シャドウ・ワーク』岩波書店（一九八二年）、それにフランスのユダヤ人哲学者エマニュエル・レヴィナス著、熊野純彦訳『全体性と無限（上）（下）』岩波文庫（二〇〇六年）、同、西谷修訳『実存から実存者へ』ちくま学芸文庫（二〇〇五年）から多くを学んだ。

(16) この思想については、阿部知二『良心的兵役拒否の思想』岩波新書（一九六九年）、**Norman Thomas**, *The Conscientious Objector in America* (New York: **B.W. Huebsch, 1923**) を参照。拙論「良心的兵役拒否者と市民的自由」今津晃編著『第一次世界大戦下のアメリカ―市民的自由の危機』柳原書店（一九八一年）、一九七―二三二頁。

(17) 都留重人氏は、「二一世紀を迎えてのヴィジョン」として、筆者の提言と同じ「良心的兵役拒否」の思想に基づいた「非軍事」国家像を展開している。都留重人『二一世紀日本への期待』岩波書店（二〇〇一年）、一二七頁。

(18) イマヌエル・カント『永遠の平和のために』、一七頁。

(19) アーチー・ブラウン著、小泉直美・角田安正訳『ゴルバチョフ・ファクター』藤原書店（二〇〇八年）は、数あるゴルバチョフ論の中で注目すべき評伝である。

(20)「日本国民は、恒久の平和を念願し、人間相互の関係を支配する崇高な理想を深く自覚するのであって、平和を愛する諸国民の公正と信義に信頼して、われらの安全と生存を保持しようと決意した。われらは、平和を維持し、……国際社会において、名誉ある地位を占めたいと思ふ。」――『日本国憲法』前文より。

(21)「日本国民は、正義と秩序を基調とする国際平和を誠実に希求し、国権の発動たる戦争と、武力による威嚇又は武力の行使は、国際紛争を解決する手段としては、永久にこれを放棄する。前項の目的を達成するため、陸海空軍その他の戦力は、これを保持しない。国の交戦権は、これを認めない。」――『日本国憲法』第九条より。

(22) 田畑忍氏によれば、「平和思想の大道を歩む平和憲法の精神を世界に拡めることこそ真の国際貢献になるに違いない」という。田畑忍編著『近現代日本の平和思想』まえがき、ミネルヴァ書房（一九九三年）を参照。

（23）William A. Williams, *The Contours of American History* を参照。

（24）ローマ法王パウロ六世の一九六五年の国連総会における演説。別枝篤彦『戦争の教え方—世界の教科書にみる』新潮社（一九八三年）、二一九—二二〇頁。

（25）イマヌエル・カント、前掲書、一三、二六、四二頁。

（26）社会の諸問題とは、たとえば、貧困、貧富の格差、環境破壊、感染症、紛争など地域社会の秩序および発展を妨げる難題を指している。ロックフェラー財団については、〈http://www.rockfound.org/about_us/history/1913_1919.shtml〉を参照。

（27）国連ミレニアム開発目標は、二〇〇九年九月にニューヨークで開催された国連ミレニアム・サミットに参加した一八九の加盟国代表が、二一世紀の国際社会の目標として設定した開発目標である。詳しくは〈http://en.wikipedia.org/wiki/Millennium_Development_Goals〉を参照。

第六章

（1）ダボス会議における福田康夫総理大臣の挨拶より。〈http://www.mofa.go.jp/mofaj/press/ensetsu/20/efuk_0126a.html〉を参照。

（2）学問によってそう考えるようになったとか、世界情勢のニュースを分析してそう考えるようになったというのではなく、「人が根拠なく人を殺すのはよくない」という素朴な日常生活上の信念をもって、そこから同時代を判断する考え方を、平和主義者柏木義円は「平和思想における『愚俗の信』」と呼ぶ。戦後日本の世論にあらわれた平和思想は、「愚俗の信」にたつものである。この「愚俗の信」に支えられた場合のみ、学者、評論家、政党活動家、官僚の平和思想に信頼を置くことができる、という鶴見氏の意見に筆者は同感である。鶴見俊輔編・解説『平和の思想』筑摩書房（一九六八年）、一三頁。

（3）ホッブズは、人間は自然状態では「万人の万人に対する闘争状態にある」という有名な言葉を後世に残した。彼によれば、人間の生活の場としての自然状態は、「暴力によって存在を脅かされた孤独な人間が恐怖に怯えて陰惨な生活を送っている状態」を言い、人間の安全保障は、仮想敵対者との相対的な力関係で決まり、敵が戦意を喪失するほどに十分な人数でなければならないという。落合忠士『イギリス革命期の社会・政治思想』文化書房博文社（一九九二年）、二六頁、出口勇蔵『経済学全集2　社会思想史』筑摩書房（一九六七年）、九五頁。

（4）イヴァン・イリイチ著、玉野井芳郎・栗原彬訳『シャドウ・ワーク』岩波書店（一九八二年）、七三―一一三頁。

（5）一般に公共財とは、市場で供給が行われないために政府が供給することにより、不特定多数の人々が平等に利用することができる財貨・サービスのことをいう。公共財をその影響の及ぶ地理的範囲から、（一）防衛、警察、司法などの公的サービスの国内公共財と、（二）東南アジア諸国連合などの地域協力の枠組み、地域安全保障などの「国際公共財」、それに（三）世界平和、世界遺産、インターネット、地球環境保全など全人類的あるいは全地球的規模の公共財に分けることができよう。本章で用いる「国際公共財」は、（二）と（三）を合わせた意味に近い。「国際公共財」論については、吉田和男「国際公共財試論」大蔵省財政金融研究所『フィナンシャル・レビュー』一九八九年一二月を参照。

（6）筆者は、一九九〇年以来、「旅を通して学習しそれを精神的豊かさの糧とする」機会を生涯教育の一環として、五五歳以上の日本および海外の高齢者に提供する民間の非営利団体、日本エルダーホステル協会の海外講座プログラムに関わってきた。この経験を通して、参加者の人生経験の豊かさはもちろんのこと、人生に対する前向きな姿、溢れる活力、それらを少しでも社会に還元したいと願う旺盛なボランティア精神に強く心を動かされた。本提言の主たる部分は、そのような実体験に基づいている。

同時に筆者は、ドイツ生まれでユダヤ系の米国の詩人サムエル・ウルマンの詩「青春」から、人生についての多くの示唆と生き方を教わった。詳しくは、サムエル・ウルマン著、作山宗久訳『青春とは、心の若さである。』角川文庫（一九九六年）、それにMargaret England Armbrester, *Samuel Ullman and "Youth"* (Tuscaloosa: The University of Alabama Press, 1993）を参照。

（7）本書においてすでに指摘したように、米国マクドネル・ダグラス社製のF15戦闘機一機当たりの購入価格は、J／DJ型で八六億から一〇一億五六〇〇万円で、P3Cの完成機は一機当たり六三億円、部品込みで七五億円であるという。単純計算ではあるが、概算として日本の毎年の出生数は約一〇〇万人、一人当たりの一カ月の生活費を二〇万円とすると、一年間の経費は、一〇〇万×二〇万（円）×一二カ月＝二億四〇〇〇万円となる。したがって、上記の戦闘機をそれぞれ一機減らすだけで、「自立と共生」のグランド・デザインの経費は捻出できるものと考える。要するに、「自立と共生」のグランド・デザインの財源問題は、国民が「自分の国をどのような国にしたいか」といった「国民の生き方」、すなわち価値の優先順位の問題に収斂されると考えている。

（8）本提言は、地球人としての日本人の国際貢献のあり方を語るだけでは必ずしも十分とは言えない。重要なことは、グランド・デザインを実行に移すその前段階として、あるいは同時進行の形で、広く世界情勢を知り理解できるような、広い意味での国際教育の徹底（例えば、貧困、平和、児童労働などについての教育）、ならびに初等、中等、高等教育制度の全般的な見直し、雇用に関する日本の伝統的な慣習の抜本的な見直しが不可欠と思われる。それに勝るとも劣らないほど重要な要素は、「高次の道義的現実主義」に政治生命をかける政治的意思（political will）を持つ政治指導者のリーダーシップである。

（9）「青年海外協力隊」〈http://ja.wikipedia.org/〉

（10）現在、中国政府は、「走出去」戦略の一環として中国企業の海外進出を積極的に支援している。近年の第一次産品の価格の高騰により中国政府は、その供給源を確保するために資源獲得への直接投資や貿易の拡大、それに外交関係の強化に努め、今や中国はアフリカにとって第三のパートナーといわれるほどアフリカにおけるプレゼンスが高まっている。UNCTAD (United Nations Conference on Trade and Development), *World Investment Report* (New York: United Nations, 2006).

（11）『朝日新聞』二〇〇九年九月二七日。

（12）『朝日新聞』二〇〇九年九月二七日。

（13）『朝日新聞』二〇〇九年九月二七日。

（14）『朝日新聞』二〇〇九年九月二七日。

むすびにかえて

（1）日本の政府開発援助（ODA）は、その規模や援助額において（一九八七年時点での米国の政府開発援助額は八六億ドルで、日本のそれは七四億五〇〇〇万ドルであった）世界各国から高く評価されてきたが、同時に次のような批判もなされてきた。一つは、日本の援助条件には譲与的な要素が少なく、他の援助国と比べて援助条件が最も厳しいこと、二つは、援助の対象地域が、東南アジア地域に集中し過ぎていること（援助の七〇パーセントはアジアを対象としている）、三つは、日本からの援助資金の使用目的が、援助を受ける国のニーズというよりも日本の経済的利益の増進に向けられている（すなわち、資本プロジェクトに対する借款は、日本からの輸入を義務付ける、いわゆるひも付き借款である場合が多く、日本の利益を優先して東南アジア諸国の経済的独立を真に考えているかどうか疑わしい）ことなどである。"Economic Assistance to Developing Countries," U.S. Department of State, March 4, 1987, Record Number 75165; Confidential Department of State Briefing Paper, "Japan's Foreign Aid Program," U.S. Department of State, July 1988, Record Number 87880, National Security Archive.

この点に関するニクソン大統領の批判はもっと厳しい。ニクソンいわく、「日本の援助のやり方はあまりにも自己本位過ぎる」と。Memorandum for the President's File. December 20, 1971（Government House, Bermuda） BOX 1, WHSF（White House Special Files）: POF: Memoranda for the President. Beginning December 19, 1971. Box 87, National Archives, College Park, Maryland.

（2）エドウィン・O・ライシャワーの発言。「アメリカは『安保』を廃棄する」『文藝春秋』一九七二年四月、一四六頁。

（3）この意味において、一九一一年七月一三日に英国が日英同盟に基づく対米参戦の義務を負わないよう、日英同盟の改定に踏み切ったことを想起することは有益かもしれない。

（4）新渡戸稲造「国際的理解に対する努力」『実業之日本』一九一九年五月一五日号、斎藤眞「草創期アメリカ研究の目的意識—新渡戸稲造と『米国研究』」細谷千博・斎藤眞編『ワシントン体制と日米関係』東京大学出版会（一九七八年）、五九〇頁からの引用。

（5）斎藤眞「草創期アメリカ研究の目的意識」、五九一頁。

（6）斎藤眞「草創期アメリカ研究の目的意識」、六〇一頁。

（7）ハンス・モーゲンソー、現代平和研究会訳『国際政治』Ⅲ、福村出版（一九八六年）、五一九頁。

（8）ウィリアムズ『アメリカ外交の悲劇』、一一三頁

（9）"National Security Decision Directive on United States

-Japan Relations," White House, October 25, 1982, Record Number 73855, National Security Archive.

(10) かつて斎藤眞教授は、「日米関係を通じ……今まで日本はアメリカに何かを与えるということを、一体考えたことがあるであろうか。……与えると言うと、いつまでも、サクラの木や、錦絵でよいのであろうか」と述べたことがある。筆者は斎藤教授の発言に共鳴するとともに、同教授の指摘を自分自身の課題と受けとめている。斎藤眞『アメリカ史の文脈』岩波書店(一九八一年)、二一二—二一三頁。

参考文献

A五〇日米戦後史編集委員会編『日本とアメリカ』ジャパンタイムズ、二〇〇一年。

アチソン、ディーン（吉沢清次郎訳）『アチソン回顧録』恒文社、一九七九年。

阿部知二『良心的兵役拒否の思想』岩波書店、一九六九年。

鮎川信夫・石川好『アメリカとAMERICA』時事通信社、一九八六年。

五百旗頭真編『日米関係史』有斐閣、二〇〇八年。

五十嵐武士『対日講和と冷戦』東京大学出版会、一九八六年。

石井修『冷戦と日米関係』ジャパンタイムズ、一九八九年。

石川好『親米反米嫌米論』新潮社、一九九二年。

今津晃編著『第一次世界大戦下のアメリカ―市民的自由の危機』柳原書店、一九八一年。

イリイチ、イヴァン（玉野井芳郎、栗原彬訳）『シャドウ・ワーク』岩波書店、一九八二年。

入江昭『極東新秩序の模索』原書房、一九六八年。

入江昭、ロバート・A・ワンプラー編（細谷千博、有賀貞監訳）『日米戦後関係史』講談社インターナショナル、二〇〇一年。

ウィリアムズ、ウィリアム・A（高橋章、松田武、有賀貞訳）『アメリカ外交の悲劇』お茶の水書房、一九八六年。

梅垣理郎編訳『戦後日米関係を読む―「フォーリン・アフェアーズ」の目』中央公論社、一九九三年。

江藤淳編『日米安保で本当に日本を守れるか』PHP研究所、一九九六年。

エルドリッジ、ロバート・D『沖縄問題の起源』名古屋大学出版会、二〇〇三年。

大嶽秀夫編『戦後日本防衛問題資料集（全三巻）』三一書房、一九九一年。

ガディス、ジョン・L（河合秀和、鈴木健人訳）『冷戦』

彩流社、二〇〇七年。

金子将史、北野充編著『パブリック・ディプロマシー』PHP研究所、二〇〇七年。

我部政明『沖縄返還とは何だったのか』日本放送出版協会、二〇〇〇年。

我部政明『戦後日米関係と安全保障』吉川弘文館、二〇〇七年。

菅英輝『アメリカの世界戦略』中央公論新社、二〇〇八年。

菅英輝編著『アメリカの戦争と世界秩序』法政大学出版局、二〇〇八年。

カント、イマヌエル（宇都宮芳明訳）『永遠の平和のために』岩波書店、一九八五年。

貴志俊彦、土屋由香編『文化冷戦の時代―アメリカとアジア』国際書院、二〇〇九年。

クレア、マイケル・T（柴田裕之訳）『血と油―アメリカの石油獲得戦争』NHK出版、二〇〇四年。

ケナン、ジョージ・F（近藤晋一、飯田藤次、有賀貞訳）『アメリカ外交五〇年』岩波書店、一九九一年。

コワルスキー、フランク（勝山金次郎訳）『日本再軍備―米軍事顧問団幕僚長の記録』サイマル出版会、一九六九年。

斎藤眞『アメリカ史の文脈』岩波書店、一九八一年。

坂井昭夫『軍拡経済の構図』有斐閣、一九八四年。

榊原英資『メルトダウン―二一世紀型「金融恐慌」の深層』朝日新聞社、二〇〇九年。

佐渡谷重信『アメリカ精神と日本文明』潮出版社、一九七六年。

清水知久『アメリカ帝国』亜紀書房、一九六八年。

清水知久『ベトナム戦争の時代』有斐閣、一九八五年。

シャラー、マイケル（市川洋一訳）『「日米関係」とは何だったのか』草思社、二〇〇四年。

シュワンテス、ロバート（石川欣一訳）『日本人とアメリカ人―日米文化交流百年史』東京創元社、一九五七年。

ジョンソン、チャルマーズ（鈴木主税訳）『アメリカ帝国への報復』集英社、二〇〇〇年。

ジョンソン、チャルマーズ（村上和久訳）『アメリカ帝国の悲劇』文藝春秋、二〇〇四年。

進藤榮一『現代の軍拡構造』岩波書店、一九八八年。

袖井林二郎編訳『吉田茂＝マッカーサー往復書簡集一九四五―一九五一』法政大学出版局、二〇〇〇年。

滝田洋一『日米通貨交渉―二〇年目の真実』日本経済新聞社、二〇〇六年。

谷口智彦『通貨燃ゆ―円・元・ドル・ユーロの同時代史』日本経済新聞社、二〇〇五年。

田畑忍編著『近現代日本の平和思想』ミネルヴァ書房、一九九三年。

ダワー、ジョン（三浦陽一、高杉忠明、田代泰子訳）『増補版 敗北を抱きしめて（上・下）』岩波書店、二〇〇四年。

土屋由香『親米日本の構築』明石書店、二〇〇九年。

都留重人『日米安保解消への道』岩波書店、一九九六年。

都留重人『二一世紀日本への期待』岩波書店、二〇〇一年。

鶴見俊輔編『平和の思想』筑摩書房、一九六八年。

デイビス、グレン、ロバーツ、ジョン（森山尚美訳）『軍隊なき占領』新潮社、一九九六年。

ドックリル、マイケル・L、ホプキンズ、マイケル・F（伊藤裕子訳）『冷戦一九四五―一九九一』岩波書店、二〇〇九年。

ナイ、ジョセフ・S（山岡洋一訳）『ソフト・パワー』日本経済新聞社、二〇〇四年。

永井陽之助『現代と戦略』文藝春秋、一九八五年。

ニーバー、ラインホールド（大木英夫訳）『道徳的人間と非道徳的社会』白水社、一九九八年。

ニーバー、ラインホールド（大木英夫、深井智朗訳）『アメリカ史のアイロニー』聖学院大学出版会、二〇〇二年。

バー、ウィリアム編（鈴木主税、浅岡政子訳）『キッシンジャー［最高機密］会話録』毎日新聞社、一九九九年。

秦郁彦『史録 日本再軍備』文藝春秋、一九七六年。

ハルバースタム、デイビッド（浅野輔訳）『（新版）ベスト&ブライテスト（一・二・三）』サイマル出版会、一九八三年。

日高義樹『アメリカの怖さを知らない日本人』ＰＨＰ研究所、一九九九年。

藤田文子『北海道を開拓したアメリカ人』新潮社、一九九三年。

藤本博、島川雅史編著『アメリカの戦争と在日米軍―日米安保体制の歴史』社会評論社、二〇〇三年。

舟橋洋一『通貨烈烈』朝日新聞社、一九八八年。

舟橋洋一『日本の対外構想』岩波書店、一九九三年。

舟橋洋一『同盟漂流』岩波書店、一九九七年。

ブラウン、アーチー（小泉直美、角田安正訳）『ゴルバチョフ・ファクター』藤原書店、二〇〇八年。

古矢旬『アメリカニズム』東京大学出版会、二〇〇二年。

別枝篤彦『戦争の教え方―世界の教科書にみる』新潮社、一九八三年。

ヘリング、ジョージ・C（秋谷昌平訳）『アメリカの最も長い戦争（上・下）』講談社、一九八五年。

ベア、ロバート（柴田裕之訳）『裏切りの同盟―アメリカとサウジアラビアの危険な友好関係』NHK出版、二〇〇四年。

フォーリン・アフェアーズ・ジャパン編・監訳『フォーリン・アフェアーズ　傑作選一九二二―一九九九　アメリカとアジアの出会い（上・下）』朝日新聞社、二〇〇一年。

細谷千博・斎藤眞編『ワシントン体制と日米関係』東京大学出版会、一九七八年。

細谷千博・本間長世編『（新版）日米関係史―摩擦と協調の一四〇年』有斐閣、一九九一年。

細谷千博編『日米関係通史』東京大学出版会、一九九五年。

細谷千博、有賀貞、石井修、佐々木卓也編『日米関係資料集　一九四五―九七』東京大学出版会、一九九九年。

マコーマック、ガバン（新田準訳）『属国―米国の抱擁とアジアでの孤立』凱風社、二〇〇八年。

マコーミック、トマス・J（松田武、高橋章、杉田米行訳）『（新版）パクス・アメリカーナの五十年』東京創元社、一九九九年。

松田武・秋田茂編『ヘゲモニー国家と世界システム』山川出版社、二〇〇二年。

松田武『戦後日本におけるアメリカのソフト・パワー―半永久的依存の起源』岩波書店、二〇〇八年。

三浦陽一『吉田茂とサンフランシスコ講和（上・下）』大月書店、一九九六年。

宮澤喜一『東京―ワシントンの密談』中央公論社、一九九九年。

モーゲンソー、ハンス（現代平和研究会訳）『国際政治（一・二・三）』福村出版、一九八六年。

毛里和子、毛里興三郎訳『ニクソン訪中機密会談記録』名古屋大学出版会、二〇〇一年。

毛里和子、増田弘監訳『周恩来、キッシンジャー機密会談録』岩波書店、二〇〇四年。

山田浩『現代アメリカの軍事戦略と日本』法律文化社、二〇〇二年。

山本正編著『戦後日米関係とフィランソロピー』ミネルヴァ書房、二〇〇八年。

油井大三郎『日米戦争観の相剋』岩波書店、一九九五年。

吉田茂『回想十年』全四巻　新潮社、一九五七年。

吉原公一郎『日本の兵器産業』ダイヤモンド社、一九八二年。

読売新聞戦後史班編『昭和戦後史「再軍備」の軌跡』読売新聞社、一九八一年。

レヴィナス、エマニュエル（熊野純彦訳）『全体性と無限（上）（下）』岩波文庫、二〇〇六年。

渡辺靖『アメリカン・センター』岩波書店、二〇〇八年。

（著者紹介）

松田　武（まつだ　たけし）

1945年生まれ。大阪大学大学院国際公共政策研究科・教授。2010年4月から京都外国語大学・教授。

米国ウィスコンシン大学史学科卒業、同大学院修士・博士課程修了（Ph.D）。京都大学大学院ではアメリカ史は今津晃教授、米国留学中にアメリカ外交史はウィリアム・A・ウィリアムズ、トマス・J・マコーミック両教授、それに日米関係史はジョン・W・ダワー教授の薫陶を受ける。テキサス大学サンアントニオ校にてフルブライト客員教授、米国メリーランド大学、英国ケンブリッジ大学ウルフソン・カレッジ、ハーバード大学ライシャワー日本研究所、米国ウッドロー・ウィルソン国際学術センターにて客員研究員を務める。

（主要著書）『戦後日本におけるアメリカのソフト・パワー――半永久的依存の起源』（岩波書店、2008）；*SOFT POWER AND ITS PERILS: US Cultural Policy in Postwar Japan and Permanent Dependency*（Stanford U.P., 2007）；『現代アメリカの外交』（編著、ミネルヴァ書房、2005）；*THE AGE OF CREOLIZATION IN THE PACIFIC*（ed. Keisuisha, 2001）；『このままでよいのか日米関係』（東京創元社、1997）。

阪大リーブル 22

地球人として誇れる日本をめざして

日米関係からの洞察と提言

発　行　日　2010年3月20日　初版第1刷　〔検印廃止〕

著　　　者　松　田　　武

発　行　所　大阪大学出版会
代表者 鷲田清一
〒565-0871
吹田市山田丘2-7　大阪大学ウエストフロント
電話　06-6877-1614　　FAX　06-6877-1617
URL：http://www.osaka-up.or.jp

印刷・製本　尼崎印刷株式会社

ISBN 978-4-87259-306-8 C1331

阪大リーブル

001 伊東信宏 編
ピアノはいつピアノになったか?
(付録CD「歴史的ピアノの音」) 定価 1,785円

002 荒木浩 著
日本文学　二重の顔
〈成る〉ことの詩学へ 定価 2,100円

003 藤田綾子 著
超高齢社会は高齢者が支える
年齢差別《エイジズム》を超えて創造的老い《プロダクティブエイジング》へ 定価 1,680円

004 三谷研爾 編
ドイツ文化史への招待
芸術と社会のあいだ 定価 2,100円

005 藤川隆男 著
猫に紅茶を
生活に刻まれたオーストラリアの歴史 定価 1,785円

006 鳴海邦碩・小浦久子 著
失われた風景を求めて
災害と復興、そして景観 定価 1,890円

007 小野啓郎 著
医学がヒーローであった頃
ポリオとの闘いにみるアメリカと日本 定価 1,785円

008 秋田茂・桃木至朗 編
歴史学のフロンティア
地域から問い直す国民国家史観 定価 2,100円

009 懐徳堂 湯浅邦弘 著
墨の道 印の宇宙
懐徳堂の美と学問 定価 1,785円

010 津久井定雄・有宗昌子 編
ロシア　祈りの大地
定価 2,205円

011 懐徳堂 湯浅邦弘 編
江戸時代の親孝行
定価 1,890円

012 天野文雄 著
能苑逍遥(上) 世阿弥を歩く
定価 2,205円

013 桃木至朗 著
わかる歴史・面白い歴史・役に立つ歴史
歴史学と歴史教育の再生をめざして 定価 2,100円

014 藤田治彦 編
芸術と福祉
アーティストとしての人間 定価 2,310円

015 松田祐子 著
主婦になったパリのブルジョワ女性たち
100年前の新聞・雑誌から読み解く 定価 2,205円

016 山中浩司 著
医療技術と器具の社会史
聴診器と顕微鏡をめぐる文化 定価 2,310円

017 天野文雄 著
能苑逍遥(中) 能という演劇を歩く
定価 2,205円

018 濱川圭弘・太和田善久 編著
太陽光が育くむ地球のエネルギー
光合成から光発電へ 定価 1,680円

019 天野文雄 著
能苑逍遥(下) 能の歴史を歩く
定価 2,205円

020 懐徳堂 竹田健二 編
市民大学の誕生
大坂学問所懐徳堂の再興 定価 2,100円

021 蜂矢真郷 著
古代語の謎を解く
定価 2,415円

(四六判並製カバー装。定価は税込。以下続刊)